KB017131

아마존 vs. 구글

미래 전쟁

아마존 vs. 구글
미래 전쟁

두 거인이 벌이는
믿음과 꿈의 경쟁

강정우 지음

시크릿하우스

모든 비즈니스는 어떤 믿음에서 시작한다.
어떤 것은 성공하고 또 어떤 것은 실패하지만
나는 단언컨대 단 한 번도 믿음의 크기가 너무 커서
실패했다는 이야기는 들어본 적이 없다.
어떤 노력이 실패했다면 그것은 실행의 크기가 너무 작았기 때문이다.

브라이언 코헨 Brian Cohen, 뉴욕 엔젤투자자협회 회장

당신이 옳은 이유는
다른 이들이 당신의 의견에 동의하기 때문이 아니다.
사실과 논리에 맞기 때문이다.

벤저민 그레이엄 Benjamin Graham, 가치 투자의 대가

아마존과 구글의
꿈을 해부하다

미국 주식시장에서 기술주tech stock의 가파른 상승세와 어김없는 부침의 이야기들이 수년간 경제지를 도배하다시피 하고 있다. 4차 산업혁명이라는 거대 담론 속에서 미래의 수익을 약속하는 많은 기업들이 벌써부터 명멸하고 있다. 천재적 창업자의 기행이 드라마처럼 펼쳐지며 롤러코스터 행보를 이어가는 테슬라Tesla, 혁신적 플랫폼을 만들었지만 역시 아직도 수익을 담보하지 못하는 우버Uber, 개인의 사생활을 공유하는 것이 핵심 가치이지만 도리어 이 때문에 개인 정보 보호에 한없이 민감하기만 한 소비자와 정부의 눈치를 보고 있는 페이스북Facebook이 그 외연을 둘러싸고 있다면 그 중

심에는 아마존과 구글이 만들어가는 단단한 미래 산업 지형이 있다.

강력한 이커머스e-commerce(전자 상거래) 플랫폼에 더해 여전히 일반 인들에게는 뜬구름처럼 개념이 잘 잡히지 않는 클라우드cloud 비즈니스로 B2B IT 인프라시장을 슬그머니 독식해버린 아마존Amazon, 검색과 광고시장을 제패하고 전 세계 스마트폰 운영 체계의 80퍼센트를 점유하고 있는 구글Google. 이들은 이미 일반 소비자의 일상과 기업 운영에 있어 필수 불가결의 요소가 됐다.

질문은 '이들은 어떤 믿음과 꿈을 가지고 있는가? 그 믿음과 꿈은 어디를 향하고 있는가?'이다.

10년 전 이맘때 우리가 아마존과 구글에 중독되고 만 우리 자신의 모습을 예상하지 못했듯이, 아마존과 구글이 앞으로 내달을 10년 뒤를 그려보면 이들에게 기대는 물론 불안의 시선을 함께 가질 수밖에 없다. 이들이 꿈꾸고 있는 것은 무엇인가? 그들의 믿음을 따라가보면 2020년대의 미래 산업 지형에 다가갈 수 있지 않을까?

이 책을 읽는 창업자, 경영자, 자본가는 몇 가지 질문을 염두에 두리라 생각한다.

첫째, 아마존, 구글과 경쟁할 것인가? 아니면 지금 우리 대부분이 그러하듯, 이들과 맞서기보다는 이들이 만들어갈 거대한 생태계의 훌륭한 파트너가 될 것인가?

둘째, 아마존, 구글이 큰 꿈을 대차게 실행해나갈 수 있는 비밀은 무엇인가? 믿음의 크기만큼이나 실행의 크기를 담보해내는 그들만의 방식은 무엇인가?

셋째, 아마존, 구글이 아직 꿈꾸지 못한 기회는 무엇인가? 또 그것을 내가 선점할 수 있는가?

책에서는 아마존과 구글의 기존 사업들이 얼마나 훌륭한지에 관해 지면을 할애하지 않을 것이다. 대신 슬금슬금 독점 영토를 넓혀가며 미래의 뿌리 사업이 될 아마존의 '신사업 이니셔티브들initiatives' 과 구글의 사업보고서에 담긴 '13가지의 다른 도박들13 Other Bets'로 독자들의 관심을 돌릴 것이다.

부디 이 책을 통해 미래 산업 지형 속에서 독자들은 어떤 위치에 있기를 바라는지에 관한 해답을 얻을 수 있기를 바란다.

강정우

차례

**3   아마존과 구글이 만든
     사회와 그 적敵들** ▶

1

창업자들이 명심해야 할 것은
모든 사업이 같은 결을 따라 움직이지 않는다는 점이다.
모든 창업자의 여정은 그 하나하나가 특별하고 다르다.
그러니 당신이 믿는 가치를 진정으로 이해해주는 사람들을
주변에 두는 것이 얼마나 중요하겠는가.

벤 실버맨Ben Silverman, 핀터레스트Pinterest 창업자 겸 공동 대표이사

두 거인의 정면충돌

1장

물류 혁명,
로봇 전쟁의 서막 ▶

이 회사는 어느 회사일까?

전 세계에 있는 물류 저장 창고와 운송 시설을 모두 합치면 규모
가 2억 4,300만 제곱피트(약 2,250만 제곱미터)에 이른다. 이는 미국
맨해튼 면적의 4분의 1 규모다. 미국 내에 258개의 운영 시설을,
미국을 제외한 전 세계에 486개의 시설을 운영 중이다.

또한 총 40편의 보잉 767-300 화물 비행기를 보유하고 있으며,
비행기 보유 대수로 이미 미국에서 15번째로 큰 여객 운송사와
맞먹는다. 곧 있으면 미국 켄터키주에 하루 200회 비행기 운항이
가능한 전용 공항을 열 계획이다.

주문이 들어오는 제품의 약 5~10퍼센트를 처음부터 끝까지 모두
직접 배송하는 온라인 유통 사업자다. 물류 창고 내의 자동화에
집중하는 로보틱스robotics 자회사를 가지고 있으며, 고객이 주문을
완료하기도 전에 배송을 시작하는 방법을 연구하는 회사다.

그럼 이 회사는 어느 회사일까?

'빅 도그Big Dog(큰 개)'란 이름의 로봇을 세상에 내놓은 회사다.

로봇으로 물류 전쟁의
승기를 잡다

미래의 공장에는 로봇 이외에 사람 한 명, 그리고 개 한 마리, 이렇게 달랑 둘뿐일 것이다. 인간은 개에게 먹이를 주기 위해서, 개는 인간이 공장 시설에 손을 대지 못하도록 감시하기 위해서 존재한다. 워런 베니스Warren G. Bennis, 미국 서던캘리포니아대학교 교수

사람들의 뇌리에 가장 강하게 박혀 있는 아마존의 인수 합병 사례는 아마도 홀푸드Wholefoods 인수일 것이다. 온라인의 강자가 오프라인의 스토어를 인수했으니, 그 가공할 확장 잠재력에 업계가 숨죽이고 있을 만하다. 그러나 더 근원적으로 오늘의 아마존이 유통 거인으로서의 면모를 갖추게 된 변혁적인transformative 기업 인수가 있었으니, 바로 물류 로봇 기업 키바Kiva 인수였다.

아마존이 물류 사업에 본격 진출한 것은 2012년 7억 7,500만 달러를 투자해 키바를 인수한 때로 거슬러 올라간다. 사실 '물류'라는 영역은 엄청나게 넓다. 온라인 유통을 예로 들면 첫째, 창고에 물

건을 실어 오고 이를 예측력 있게 최적의 상태로 분류해놓는 것에서 도전이 시작된다. 둘째, 고객의 주문이 들어왔을 때 최적의 동선과 작업 효율로 해당 물건을 가져와 포장해서 차에 실어 내보내느냐가 주요한 도전이다. 셋째, 운송 트럭의 적재함을 얼마만큼 채워서 출발시킬 것인가, 아니면 곧바로 고객의 집으로 보낼 것인가, 또는 중앙 집중·재분류소(보통 '허브'라고 부른다)로 트럭을 보냈다가 다시 패킹해 보낼까 하는 도전이다. 넷째는 결국 최종적으로 고객의 집 앞까지^{last mile delivery} 보내는 작업을 기업 내부적으로 소화할 것인가, 아니면 파트너에게 맡길 것인가 등 주문에서 배송까지의 시간과 비용, 고객 만족을 최적화해내는 실로 엄청난 설계와 실행이 필요하다. 이 중 아마존이 핵심 역량으로 가장 공들이며 일찌감치

막대한 투자금을 쏟아 부은 영역이 바로 둘째, 물류 창고 내에서의 작업의 최적화다.

키바는 바로 이 물류 센터 내의 작업을 자동화하는 로봇 시스템 회사다. 2015년 아마존은 키바의 사명을 아마존

햇볕을 쬐며 산책을 즐기고 있는 제프 베이조스와 로봇.

로보틱스Amazon Robotics로 변경한 뒤, 키바의 제품이나 서비스가 기존 고객은 물론 아마존 외 고객사에 제공되는 관계를 모두 단절했다. 아마존이 키바라는 사업자를 인수하고 내재화해버리는 바람에 시장에는 일시적으로 물류 로봇 공급자 품귀 현상이 일어나기도 했다. 그 덕에 많은 로봇 제조 스타트업들이 세상에 데뷔함으로써 산업 생태계가 단단해지는 부수적이지만 긍정적인 효과도 있었다.

유통의 한 우물을 깊게 파서 얻은 차별화 엔진

키바의 로봇 및 재고 관리 시스템은 인수 당시인 2012년에 이미 획기적이라는 평가를 받고 있었다. 사람 대신 출고될 품목을 화물 창고로 가지러 간 뒤 작업자들이 포장할 수 있도록 물건을 이송하는 '피커Picker' 로봇 등은 물류 창고 운영 효율화 잠재력을 직관적으로 보여주었다. 물류 창고에서 일어나는 작업자들의 여러 움직임 중 가장 비효율적이기 쉬운 영역이 바로 작업자가 개별 포장해 발송할 상품을 선반에서 가져오는 일이다. 우리가 대형 마트에 가서 장 보는 일을 생각해보자. 살 물건의 목록을 꼼꼼히 적어 가더라도 그 과정은 여간 만만치 않다. 특히 물류 창고의 작업자들은 그때그

때 인력 구성이 바뀌기도 하는 일용직에 가까워서 창고 내의 상품 진열 구조에 익숙해지기까지 걸리는 시간의 편차가 크다. 또한 적재 상품의 구조가 바뀌면 작업자 동선을 다시 짜서 숙지하도록 하는 등의 문제도 만만치 않다. 더욱이 전 세계적으로 낮은 배송 단가로 빠른 배송을 해주는 서비스가 늘면서, 아주 작은 개별 아이템을 찾아서 발송해야 하는 작업의 복잡도 또한 증가되고 있다. 인력을 교육시켜 숙련도를 끌어 올리기까지가 만만치 않은 것이다. 키바가 작업을 시작했을 당시 피커 로봇은 아직 초창기의 로봇 과학 기술에 기초하고 있었기 때문에 키바는 내부적으로 상품 접수, 팔레트에 실린 상품들을 나누는 작업 및 저장 등 보다 주변적인 과정에 집중했던 것이 사실이다.

아마존은 키바 인수 전에 자포스Zappos.com와 다이퍼스Diapers.com에 대해 해당 기술을 투입해 그 잠재적 가치를 이미 확인한 상태였다. 7억 7,500만 달러라는 키바의 인수 가격은 2008년 1,625만 달러의 '시리즈 D'를 기준으로 한 회사의 마지막 기업 가치 평가액에 비하면 프리미엄이 300퍼센트에 달하는 것이었다. 만약 아마존이 키바 인수 당시부터 내부적으로 언젠가는 타사 공급을 차단하겠다는 계획을 세우고 있었다면, 아마존이 지불한 프리미엄은 어마어마한 시너지 계산에 근거했을 것이다. 그리고 그 규모는 M&A 딜 역사상 유례가 없는 것임이 분명하다. 왜냐하면 완전 내재화를 전제로 한다면, 물류 로봇시장의 성장세가 기업 가치 계산의 근거가 되는 것이 아니라, 순수하게 아마존 유통의 성장과 로봇 시스템 채택 정도만이 계산 근거가 되기 때문이다. 만일 그렇다면 이는 자기 사업의 성장 잠재력에 대한 어마어마한 자신감이 뒷받침된 것이라는 이야기다. 그 비전의 담대함이 실로 놀라울 뿐이다.

키바를 아마존 물류 센터에 적용한 결과 클릭 투 업로딩 타임^{Click to Uploading Time}, 즉 고객이 온라인상에서 주문 클릭을 하고서 상품이 배송 트럭에 상차되는 데까지 걸리는 평균 시간이 60~75분에서 단 15분으로 줄어드는 효과가 나타났다. 또한 창고를 보다 효율적으로 사용하게 돼 공간 활용도도 50퍼센트 증가했으며, 운영 경비도 20퍼센트 이상 줄어들었다. 지금 아마존 물류 창고 내에서는 그 누구도 범접하기 어려운 차별화 엔진이 가열차게 돌아가고 있는 것이다.

아마존이 키바를 인수한 뒤 산업계에는 새로운 물류 로봇업체들이 속속 그 빈자리를 메꾸기 시작했고, 아마존이 불러일으킨 물류 최적화 열풍은 전 세계 유통 사업자들의 조바심을 부추겼다. 이제 피커 로봇은 2012년 키바가 그 프로토타입을 선보인 이후 글로벌 선도 온라인 유통사들이 앞다투어 채택할 정도로 보편화되고 있다.

라쿠텐 슈퍼 로지스틱스^{Rakuten Super Logistics}는 일본 최대 온라인 유

통사 라쿠텐의 물류 사업 부문이다. 이 회사는 상품이 적재돼 있는 선반에서 물건 박스를 찾아 개별 소량 포장 작업을 하는 작업자들에게 운반하는 피커 로봇을

작업자들의 자리를 채워나가는 라쿠텐 물류 창고의 운반 로봇들.

이미 물류 창고 내에서 운영하고 있다. '아마존 덕'에 전 세계 물류 자동화 시장은 현재 우리 돈으로 46조 원 수준으로 성장했고, 2022년까지 75조 원 규모가 될 것으로 전망된다. 아울러 단일 카테고리로서 물류 로봇은 가장 많이 팔려 나가는 로봇 제품이 됐다.

이와 같은 놀라운 성장세 뒤에는 온라인 유통의 붐뿐 아니라 머신 러닝이라는 AI[artificial intelligence, AI](인공지능) 기술의 발전이 자리하고 있다. 싱가포르 로봇 전문 회사인 그레이 오렌지[GreyOrange]는 물류 전용 로봇을 미국 시장에 보급하고 있다. 이 로봇은 물류 창고 내에서 그 어떤 감독이나 지도 없이 스스로 작업을 분주히 수행하고, 충전을 위해 알아서 충전 스테이션으로 돌아갔다가 오차 없이 다시 작업에 임한다. 물류 창고에서 기존에 인간 작업자가 하던 행동 패턴을 학습한 로봇은 다루는 물품의 특성에 따라 작업 내용을 달리 익혀가며 상황에 적응한다. 단순 반복적이며 규율에 따라 움

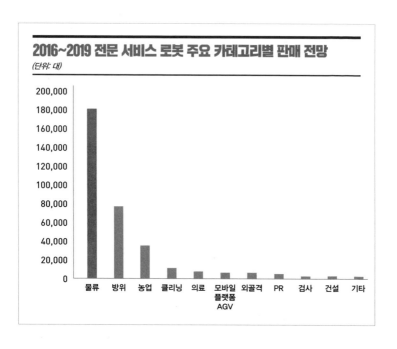

2016~2019 전문 서비스 로봇 주요 카테고리별 판매 전망

(단위: 대)

직여야 하는 작업들이 빠르게 기계로 대체되고 있다. 인간의 일자리를 직접적으로 위협한다는 인상을 주지 않기 위해 '협업 로봇 collaborative robot'이라는 이름을 붙였지만, 창고 내에서 단순 근로자들에게 작업 내용을 숙지시키고 감독하는 십장의 모습을 찾아보기 어려워질 날이 머지않았다.

물류 창고의 자동화는 기업과 인력업체 간의 기존 거래 관계가 얼마나 투명한지에 따라 각 시장마다 채택 속도가 달라질 것이다. 전통적으로 헤드카운트headcount 또는 공수工數로 관리되는 계약 관계는 관리의 어려움 등으로 갑과 을의 관계가 불투명한 경우가 많고, 때로는 활용되는 인원의 수가 줄어드는 것에 저항하는 비경제적 또는 비합리적인 이해관계가 많이 개입되곤 한다.

아마존의 물류 창고 로봇 '키바 Kiva'.

개별 고객은 더 빠르고 안전한 배송을 원하고, 기업은 비용을 줄이길 원한다. 그러나 한편으로 우리 모두 사람들의 일자리가 너무 많이 줄어드는 것은 원치 않는다. 아마존 물류 창고 안에서 지금 이 순간 벌어지고 있는 복잡한 정치사회학의 한 단면이다.

절박함에서 나온 창의적 아이디어, 아마존 스마트 딜리버리

앞서 말했듯이 아마존이 아무리 물류를 핵심 역량이라고 본다고 해도 이를 모두 직접 운영하기는 어렵다. 실제로 엔드 투 엔드end-to-end로 모든 물류 기능을 완전히 수행하는 경우는 전체 물량의 5~10

퍼센트밖에 되지 않기 때문이다. 흔히 경영 의사 결정에서 매우 이 분법적으로, 핵심 역량은 내재화하고 주변 역량은 시장에서 구매, 즉 아웃소싱한다는 논리가 있기는 하다. 하지만 만약 사업 규모가 엄청나게 커져서 이를 떠받쳐야 할 핵심 역량의 전개 규모 또한 커져야 한다면 당신은 어떤 의사 결정을 내리겠는가? 사업의 규모가 커지면서, 이른바 핵심 역량을 개발하고 전개하는 데 드는 비용 또한 정비례로 늘어난다면 이것을 더 이상 핵심 역량이라고 부를 수 있을까? 물류를 운영 관리할 수 있는 역량이 아마존의 핵심 역량이라면 보다 적은 비용으로 지속 가능하게 폭발적으로 증가하는 사업 규모를 뒷받침해야 한다.

여기서 등장하는 묘안이 바로 아마존의 신개념 물류 프랜차이즈 사업인 아마존 스마트 딜리버리다. 아마존은 2018년 여름 새로운 딜리버리 서비스 파트너 프로그램을 발표했다. 이 프로그램은 배송 수입에 관심이 있는 개인 사업자들이 프라임prime 로고가 찍힌 최대 40대의 밴으로 로컬 배송 네트워크를 운영할 수 있도록 해준다.

새로운 프로그램하에서 고객이 주문한 상품이 이동하게 될 배송 경로를 따라가보자. 아마존닷컴에서 고객이 주문한 상품은 아마존 로고가 찍힌 파란색과 검은색의 유니폼을 입은 개인 사업자 운전자들에 의해 픽업되는 현재 미국의 75개 아마존 스테이션 중 한 곳

에서 하루를 맞는다. 배
송 분류 알고리즘에 따
라 페덱스FedEx 및 UPS
와 같은 사외 배달 파트
너에게 발송되는 배송
스테이션으로 보낼 패
키지가 결정되고, 그 나
머지 물품들은 개인 사

아마존의 신개념 물류 프랜차이즈 사업.

업자들이 운전하는 트럭이 있는 스테이션으로 이동해 라스트 마일
딜리버리last mile delivery의 손길을 기다리게 된다.

아마존 월드 와이드 오퍼레이션Amazon Worldwide Operations의 수석 부사
장 데이브 클락Dave Clark은 "이는 비용 절감 효과를 극대화하는 것"이
라고 설명한다. 1만 달러만 있다면, 누구나 아마존 프라임 물품을
아마존 창고에서 고객에게 운반하는 택배 사업자가 될 수 있는 것
이다. 한국 영세 사업자들이 넘어야 할 프랜차이즈 대리점의 높은
보증금 벽을 생각해보면 매우 대조된다. 더욱이 이는 여느 물류
프랜차이즈와는 사뭇 다른 사업 구조다. 그것은 바로 프랜차이저
인 아마존 스스로가 끊임없이 수요를 창출해내기 때문이다. 이를
일반적인 프랜차이즈와 살짝 비교해보면, 치킨집을 열게 하고서
치킨집으로 끊임없이 손님을 보내주는 개념과 크게 다르지 않다.

라스트 마일 딜리버리와 긱 경제^{gig economy}의 절묘한 조합이라 할 수 있다.

아마존의 이러한 '창의적' 발상은 역설적으로 앞서 내다본 '절박한' 사업 현실에 기인한다. 온라인 유통이 빠르게 확산되고, 더욱이 2019~2020년 아마존은 미국의 총 온라인 유통 수요의 최소 40퍼센트를 취하게 되는 거대 사업 규모에 직면해 있다. 이 가운데 이들은 점점 더 페덱스와 UPS에 의존해야 하는 불편한 진실에 맞닥뜨린다. 고객은 점점 빠른 문 앞 배송^{door to door}을 요구하게 됐고(사실 이는 아마존이 조장한 것이다), 아마존이 자체 인프라를 갖추는 속도보다 고객의 수요가 더 빠르게 증가해, 어쩔 수 없이 기존 전통적 물류 사업자인 페덱스와 UPS에 대한 의존도가 되레 커지고 있는 것이다.

실제로 2017년 연례 회계감사 보고서(10-K)에서 아마존은 페덱스 및 UPS 같은 외부 파트너에 의존하는 것과 관련된 위험을 스스로 인지·지적하고 있다. "우리가 수락할 수 있는 조건을 이 회사들과 협상할 수 없거나 성능 문제 또는 다른 어려움을 겪는다면 우리의 운영 결과와 고객 경험에 부정적인 영향을 줄 수 있다"고 말이다. 아마존은 관련 물류 파트너들에게 지급하는 비용이 2015년 115억 달러에서 2017년 217억 달러로 급상승했으며, 이 비용은 계속 증가할 것으로 예상했다.

물론 이 사업이 갖는 도전적 요소도 많이 있다. 일반인 사업자들을 채용하고 심사하며, 이들이 물건을 싣고 내릴 수 있는 스테이션을 구축하는 데 얼마만큼의 비용과 시간이 들지 예측하기 힘들다. 또한 이미 미국 내에서는 온라인 커머스의 열풍으로 배송 트럭을 구매 또는 임대하는 데 상당한 경쟁이 벌어지고 있어 현재 아마존이 보유한 7,000대의 대형 트레일러를 구매할 때보다 배송 유닛당 더 높은 단가를 지불하고 트럭을 확보해야 할지도 모른다.

그러나 한 가지 분명한 것은 이러한 발상이 단순히 치기 어리고 선풍적인 스타트업 아이디어가 아니라 자신의 사업 운영상의 도전에 대한 깊은 고민과, 고객과의 최종 접점을 어떻게 면밀히 관리할 것인지에 관한 상상력의 결과라는 점이다. 지금에 와서야 아마존의 물류 부문과 관련한 선제적인 고민과 투자에 관해 기억을 더 듣는 사람들이 많다. 한 한국인 MIT 공학박사 출신 인사는 이렇게 회상했다. "그 예전 언젠가 아마존이 MIT 출신 사람들을 수도 없이 스카우트해서, 미국 전역에 물류 창고를 만들어 배송 시간을 최적화할 수 있는 조합을 수학적으로 풀게 하고 있다는 이야기를 들었을 때 '도대체 뭐지?' 할 수밖에 없었다. 돌이켜보면 아마존 프라임이 세상에 출시되기 6~7년 전이었다."

실제 아마존이 생각하는 고민의 깊이는 고객의 자동차 트렁크에까지 물건을 실어주는 인카 딜리버리In-Car Delivery 서비스의 고안에서

드러났다. 고객들이 빠
르고 정확하게 배송을
받게 하려면 그 누구와
도 생태계를 이룰 수 있
다는 사고의 산물이다.
이를 위해 자동차 회사
아우디^Audi는 페덱스의
배송 직원에게 트렁크

아마존의 인카 딜리버리 서비스.

를 열 수 있는 일회용 디지털 키를 제공했고, 페덱스는 이 예사롭
지 않은 프로세스를 아마존을 위해 현장에 접목했다.

플랫폼이 플랫폼을 낳는 이 사업 증식의 모습은 앞으로 무엇이
또 생겨날지 예측하기 어렵기 때문에 더더욱 예사롭지 않다. 한 우
물을 파서 생긴 아마존의 차별화 엔진(프랜차이저 스스로가 마르지 않
는 수요를 창출하며, 배송을 위해서는 그 누구라도 생태계로 끌어들이는)이
미국의 라스트 마일 딜리버리 사업 지형에 한 획을 그을지 두고 볼
일이다.

아마존의 신물류 프랜차이즈 사업 진출 발표가 있던 날 페덱스
의 주가는 2퍼센트 이상 하락했고 UPS의 주가는 2.5퍼센트 곤두
박질쳤다. 메이시스와 케이마트 등 전통적인 오프라인 유통들에 이
어 이제는 물류 사업자들이 아마존 악몽을 경험하게 될지 주목된다.

주문도 하기 전 배송을 준비하다

아마존 프라임 사업 출범 당시 한 애널리스트는 "아마존의 무료 배송 프로그램은 지속될 수 없는 무모한, 사회적으로도 무책임한 도전이다"라고 평가했다.

아마존의 제프 베이조스Jeff Bezos는 2017년 주주들에게 보내는 서한에서 "불만스런 고객이야말로 혁신을 위한 가장 큰 자산"이라고 밝혔다. 불만의 이유가 가격이든, 제품 또는 서비스의 품질이든 이러한 불만을 근원적으로 줄이는 방법은 고객의 행동이나 자사의 운영에 대한 '예측력'을 높이는 것이며, 여기서 어김없이 AI 기술이 머리를 내민다.

아마존닷컴은 머신 러닝 기법을 통해 고객이 장바구니에 물건을 담기만 해도, 즉 결제를 하기도 전에 배송 계획을 짜기 시작한다. 왜 이러한 일을 할까? 또 이것이 어떻게 가능할까?

아마존 풀필먼트 센터의 운영은 항상 배송 시간을 단축하는 부분에 많은 노력을 기울이고 있다. 통상적인 경로 대비 '예측'을 통해 해당 잠재적 주문에 관해 보다 빨리 준비하고, 소비자와 가까운 물류 센터로 물건을 보낼 준비를 한다면 이는 분명 효과가 있는 것이다. 이것이 어떻게 가능할까?

아마존의 플랫폼 내에서 머신 러닝(또는 딥 러닝) 예측이 원활히

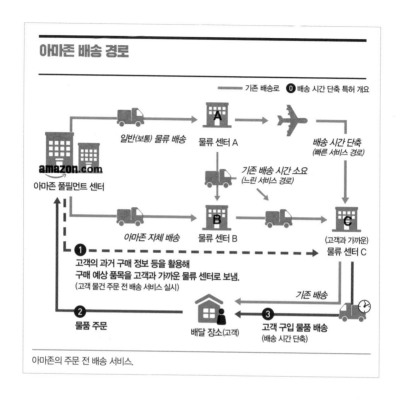

아마존의 주문 전 배송 서비스.

돌아간다면 훌륭한 프로그래머나 데이터 과학자가 있어서 그런 면
도 있겠지만 아마존 내에서 폭발적으로 축적돼가는 많은 고객 행
동 데이터들 덕분이라는 것도 일리 있는 주장이다. 또한 단순히 데
이터의 양만이 아니라 고객이 장바구니에 물건을 담고 나서 결제
를 하지 않는, 이른바 결제 이탈률이 낮아 예측 활동의 효용성이
높다고도 추정해볼 수 있다. 플랫폼에서 기본적으로 돌아가는 훌

류한 추천 엔진과 편리한 원 클릭 결제가 고객의 장바구니 담기를 확실한 결제로 이어지도록 밀어주고 또 끌어주고 있을 가능성이 크다.

참고로 한국 온라인 커머스 주요사들의 결제 이탈률은 약 13~14 퍼센트이며, 배송 후에 결제를 취소하고 반품하는 경우도 2~4퍼센트대다. 장바구니에 담아놓고 주문까지 이어지지 않는 비율 또한 상당히 높을 것으로 예상된다.

아마존에 관한 정확한 비교 수치는 없지만, 만약 결제 이탈률이나 반품률이 지나치게 높다면 아마존의 예측 작업은 오히려 물류 운영을 꼬이게 할 것이다. 그러니 웬만한 자신감이 없다면 사업의 구조가 견고하지 못할 경우 감히 하지 못할 예측 작업이다. 방대한 고객 행동 데이터, 높은 추천 성공률, 간편한 결제에서 비롯된 높은 구매 및 결제 성공률 등 순도 높은 고객 행동 데이터를 양산해 내는 수레바퀴들이 아마존의 물류 혁신 노력을 견인하고 있다.

Google

로봇 산업이 향하는 곳은 어디인가?

내 앞에 A급 아이디어를 가진 B팀과 B급 아이디어를 가진 A팀이 있다면, 나는 무조건 후자를 택한다.

브라이언 코헨, 뉴욕 엔젤투자자협회 회장

구글이 로봇 사업에의 본격적인 진출을 알린 신호탄은 보스턴 다이내믹스Boston Dynamics사 인수다. 이 회사는 '빅 도그'라는 괴이하고 우락부락하게 생긴 군사용 대형 로봇을 선보였다. 산악 지형처럼 험준한 곳도 지치지 않고 오갈 수 있는 이동성, 즉 모빌리티에 초점을 두고 있다. 그렇다 보니 생김새가 우리가 아는 여느 포유류 동물과 크게 다르지 않았으며, 로봇 영화에 등장하는 매끈하고 날씬한 몸매의 직립보행형 로봇과는 거리가 멀었다. 사람들은 이 '괴이한' 물건을 한마디로 "으스스하다creepy"라고 스스럼 없이 표현하고 있으며, 구글의 로봇 사업에 대해서도 같은 이미지가 고착화돼

버렸다.

로봇이 인간을 닮은 매끈함과 기능성, 나아가 경제성까지 갖추려면 우선 매우 큰 기술 진보가 필요하다는 것이 일반적 견해다. 소프트웨어적인 면을 떠나, 일단 물리적으로 인간이 가지고 있는 수많은 관절(발가락과 손가락 포함)의 미세한 운동력을 갖추려면 기계공학적으로 결국 미세 관절을 뒷받침할 수 있는 모터 기술이 필수다. 그런데 지금의 전기모터 기술로는 어떻게 흉내는 내더라도 그 움직임은 꽤나 둔한 데다, 거슬리는 소음을 동반해야 하므로 기능성조차 온전히 갖추기가 어렵다. 카네기멜론대학의 로봇공학 교수 일라 레자 누르바흐시Illah Reza Nourbakhsh는 저서 《로봇이 온다Robot Futures》에서 휴머노이드 로봇이 아직까지는 우리에게 저 먼 미래의 이야기일 수밖에 없는 이유를 '모터 기술'에서 찾는다. "모양과 경제성을 추구하겠다면, 매우 초경량 모터가 들어 있는 로봇 팔을 예쁘게 만들겠지만 그 팔로는 에스프레소 커피잔 하나 오래 들고 있기 힘들 것"이라고 일갈한다. 기존의 전기모터에 스프링을 결합하거나 센서를 다는 등 인간의 관절과 근육의 미세한 운동력을 쫓아가려는 노력이 이어지고 있지만 아직은 무리라는 전문가 의견이다.

아울러 엄청나게 대량생산해야만 고정비 분산에 따른 경제성을 획득하게 될 것이므로, 우리 인류가 사람을 닮은 로봇을 감정적으

구글이 인수한 보스턴 다이내믹스가 내놓은 빅 도그(왼쪽)와 인간을 닮은 로봇을 소재로 한 영화 〈아이, 로봇〉 스틸 컷(오른쪽).

로 허락하지 않는 한 그만큼의 물량은 양산되기조차 어려울 것이다. 그래서 오히려 내수 시장만으로도 상당한 보급 대수를 확보할 수 있는 중국의 로보틱스나 휴머노이드업체가 인간을 닮은 로봇 상용화에 구글이나 아마존보다 더 가까이 가 있을지 모른다. 2018년 초 텐센트Tencent사로부터 5,000억 원을 투자받은 유비테크UBtech사의 기업 가치는 현재 4조~5조 원으로 추산된다. 이 회사는 휴머노이드 로봇에 있어 전 세계 최대 생산량을 기록한다. 그러나 이마저도 인간의 모습을 온전히 닮았다기보다는 교육용이나 엔터테인먼트용으로 장난감만 한 로봇이 인간이 할 수 있는 동작(소리에 반응해 고개를 돌리거나, 음악에 맞추어 춤을 추는) 몇 가지를 흉내 내는 수준에 최적화돼 있는 게 사실이다. 그럼에도 로봇의 최소 양산 대수는 100만 대이며 가격대는 50만 원 이상이니, 아직 휴머노이드의 보급은 엔터테인먼트용이라고 해도 갈 길이 멀다. 그러나 한편으로는 미래 잠재력이 크다고도 할 수 있는 양면성이 있다.

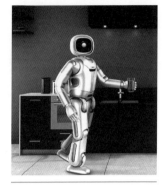

중국 유비테크사가 공개한 로봇 '워커'.

그럼 이제 다시 우리가 관심을 가지는 구글이 생각하는 로봇 산업의 모습은 어디를 향하고 있는지 알아보자.

구글이라고 매번 홈런을 치는 것도 아니고 모든 노력이 체계화돼 성과를 내는 것도 아니다. 그들은 오래전부터 로봇 사업을 구글 X라는 연구 개발성 프로젝트의 일환으로 접근하며 세상에 실체를 제대로 드러내 보이지 않았다. 더욱이 2017년 보스턴 다이내믹스사를 소프트뱅크에 매각한 상태다.

2017년 10월 〈블룸버그 비즈니스위크Bloomberg Businessweek〉에 실린 마크 베르겐과 조슈아 브루스타인 기자의 기고문은 구글의 로봇 사업에 관한 혹평으로 가득 차 있었다. "구글은 실로 엉망진창의 로봇들을 만들어냈다. … 구글의 로봇 부문의 노력은 산만하고 모호하다. 더욱이 목적도 알 수 없이 자주 행해지는 로봇 회사 인수 시도는 오히려 전 세계 로봇 산업 전체에 해악을 끼치고 있을 뿐이다."

로봇, 좌절 속에서도 피우려는 꽃

그럼 정말 구글 로봇 사업은 어디로 가고 있는가? 안드로이드라는 새로운 질서를 창조했던 앤디 루빈Andy Rubin이 2013년부터 구글 로봇 사업을 맡아 이끌어왔지만 이렇다 할 성과 없이 회사를 떠났고, 구글이 인수해놓은 나머지 6~7개 회사들의 방향도 종잡기 어렵다는 어두운 전망이 지배적이다.

그러나 구글이 최근 보여주는 동향은 향후에 로보틱스 분야에서 아마존을 긴장시키기 충분하다는 평가 또한 조금씩 나오고 있다. 첫째, 구글이 보스턴 다이내믹스의 빅 도그와 샤프트의 육중한 직립보행형 로봇의 실패를 뒤로하고, 인간을 닮으려고 하는 휴머노이드가 아닌 산업용 로봇 분야로 방향을 선회하고 있다는 점에 주목할 필요가 있다. 특히 그들은 자신들의 로봇 사업의 정체성을 머신 러닝으로 로보틱스 효과를 창출해내고, 이를 다시 머신 러닝의 고도화에 기여하는 선순환 구조를 만드는 것이라

구글의 자회사 샤프트Schaft의 재난 구조용 직립보행 로봇. 이 회사는 2013년에 구글이 인수했지만 결국 매각 시도가 불발돼 회사 자체를 폐업하기로 최근 결정했다.

명시하고 있다. 어쩌면 빅 도그가 보여준 무시무시한 이미지 충격 때문에 구글의 로보틱스를 바라보는 외부의 시각이 처음부터 뒤틀려 버렸는지도 모르겠다.

구글의 음성인식 비서 '어시스턴트'가 레스토랑에 전화를 걸어 예약하는 모습.

둘째, 작지만 의미 있고 실용적인 시도를 해내고 있다는 점이다. 바로 사람 대신 전화를 걸어 일을 처리하는 로봇의 등장이다. 당연히 미세 관절과 근육을 모방한 진보된 전기모터 기술은 이 애플리케이션에 전혀 필요가 없다. AI 비서 개념의 이 애플리케이션은 사용자의 구글 캘린더에서 비어 있는 시간대를 확인하고, 미용실에 전화를 걸어 예약하는 시연을 선보였다. 정확한 음성인식 기술, 아울러 인간의 자연스런 대화에 종종 등장하는 이음말, 머뭇거리는 등의 말투들이 구글의 음성 합성 기술을 통해 자연스레 연출됐다. 온라인 부킹 시스템조차 없는 미국 자영업자의 60퍼센트가량과 고객 사이를 잇는 소호SOHO 전용 애플리케이션의 개발 포부 또한 함께 공개됐다.

구글의 로보틱스 사업 이야기는 2가지에 주목해야 한다. 첫째, 구글은 일찌감치 소호 사업자들의 키워드 광고 수입으로 사업 기

한국의 현대건설기계가 최근 선보인 다목적 현장 로봇(왼쪽)과 현대자동차의 워킹카 '엘리베이트Elevate' 콘셉트(오른쪽).

반을 다져온 회사다. 어찌 보면 로봇 사업도 그들의 본업으로 돌아가서 다시 꽃을 피우려는 것일 수도 있다. 아마존이 본업인 유통에서 로봇 사업을 고도화했듯이 말이다. 둘째, 빅 도그가 준 충격이 가시지 않았지만, 2019년 국제전자제품박람회CES에 등장한 전 세계 건설 기계 회사들의 차세대 로봇 사업의 이미지들은 2013년 보스턴 다이내믹스를 인수한 구글이 꼭 틀리지 않았음을, 단지 그들의 본업이 아니어서 좌절했을 뿐임을 이야기해주는 것인지도 모르겠다.

2장

AI 대중화 시대, 천재들이 만드는 세상 ▶

시도 자동화한다

우리는 세상의 모든 비즈니스 리더들에게 제안한다. 그들은 항상 자문하고 있어야 한다. '앞으로 5년 뒤, 새로운 진리가 될 것들은 무엇일까?'라고.

조너선 로젠버그Jonathan Rosenberg, 전前 구글 제품 개발 본부장

구글의 원년 멤버이자 AI 사업 총책임자로 임명된 제프 딘Jeff Dean의 인터뷰 기사 하나가 2018년 4월 〈톰 시모나이트 저널Tom Simonite Journal〉에 실렸다. 기사 제목은 '구글 AI 사업의 새로운 수장 – 너무 똑똑해서 그에게 AI는 필요 없다'였다.

제프 딘은 1999년 구글에 입사한 이래 구글 검색엔진의 개선을 비롯해 대용량 데이터 처리의 혁신을 이루어낸 장본인이자 오늘날 실리콘밸리를 넘어 전 세계에 AI 열풍을 만들어낸 데이터 과학자 중 한 명으로 이름나 있다. 그가 겉으로 해낸 일들 대부분은 상업적이기보다는 사람들의 순수한 관심을 자극할 만한 것이었다.

기계가 두는 체스 경기, 고양이 모양을 식별하는 기술을 선보인 유튜브 클립, AI가 작곡한 음악, 딥 뉴럴 네트워크 Deep Neural Network, DNN를 활용한 음성인식의 획기적 개선 등이 그것이다.

구글의 오토ML 개발자 제프 딘은 AI를 쉽게 만들 수 있는 AI 인프라 제공 사업을 창안했다.

이제 사람들의 관심은 알파고AlphaGo 다음의 히트작은 무엇인가에 쏠리고 있다.

딘은 크게 2가지 방향을 제시한다. 첫째, AI를 통한 헬스케어 부문의 혁신이다. 인도에서 진행하고 있는 시력 상실을 유발하는 당뇨 합병증의 원인 규명, 유방암의 인자 규명 프로젝트 등이 그가 AI를 통해 구글 사업을 돕는 큰 축이다. 아직은 조심스럽지만, FDA가 이러한 원인 규명 소프트웨어 자체를 식품 의약품 안전 사업의 한 부문으로 보고 본격적으로 승인을 내는 일은 머지않았다고 본다.

둘째는 AI 자체를 자동화하는 거대한 솔루션을 개발하고 고도화하는 것이다. 일반인들에게 AI는 이미 자동화의 의미를 내포하고 있지만, 실제로 AI는 매우 구체적인 목적성을 가진 작업task에 맞게 맞춤형이 개발됐을 때 기능할 수 있는 솔루션이다. 그 개별 AI 솔루션의 근간에는 머신 러닝machine learning 기술이 자리하고 있다. 머신 러닝 기법을 적용해 그 자체를 다용도로 활용하기 쉽게 만드는 것이 AI 자동화의 핵심이다. 이것이 바로 구글 오토 머신 러닝오토ML, Auto Machine Learning 사업의 핵심가치다.

구글의 사업에는 항상 논리적인 'Why(이 사업 왜 하는 거지?)'가 있다. 오토ML도 예외가 아니다. 수년간 AI, 머신 러닝, 딥 러닝 등의 용어가 IT업계를 횡행하고, 또 '데이터 과학자Data Scientist'라는 여전히 생소한 단어도 공기처럼 우리를 감싸고 있지만, 실제 이러한 스킬 세트를 지니고 있는 인력을 직접 활용하기에는 그 공급이 턱없이 부족하다. 그래서 '소수의 우수한 기술자들의 역량을 많은 사람들이 쉽게 활용하게 할 수는 없을까?'라는 근원적 질문에서 오토ML 사업이 탄생했다.

오토ML 사업은 클라우드 기반으로, 기업에 필요한 머신 러닝 솔루션을 개발하고 수정, 보완해주는 형태의 서비스다. 일종의 AI 솔루션 개발 및 적용의 토털 아웃소싱 사업이라고 할 만하다. 실력이 그저 그런 평균적인 데이터 과학자나 엔지니어가 많은 학습 비용을 들이며 더디게 솔루션을 개발하는 것보다 머신 러닝 솔루션을 서비스 형태로 이용하게 하고, 기업은 그것으로 성과만 보면 된다는 매우 단순 명쾌한 비즈니스 논리가 숨겨져 있다.

구글의 오토ML은 현재 알파벳Alphabet의 자율 주행차 사업인 웨이모Waymo에 적용되고 있다. 자율 주행차의 핵심은 이미지 인식과 판별 역량으로, 자기 증강형 학습이 꾸준히 이루어지는 것이 중요하다. 자동차가 주행하며 접하는 서로 다른 환경에서도 원활히 작동해야만 한다는 점을 고려할 때, 오토ML의 수혜를 보기에 매우 적합한 용처라고 볼 수 있다. 아울러 오토ML은 클라우드 서비스로 기업들이 맞춤형으로 이미지 인식 시스템을 개발할 수 있도록 하는 서비스를 제공하고 있다.

장기적으로 볼 때 자동화된 AI는 기계가 미리 학습하지 못한 낯선 환경에 대처할 수 있는 역량을 제공하게 될 것이다. 쉽게 말하자면, 이전에는 본 적 없는 모양의 병뚜껑을 따는 일을 예로 들 수 있겠다. 결국에는 이러한 시도가 지향하는 것은 아주 좁은 과업 영역에 국한돼 개발된 머신 러닝 또는 AI 기술도 매우 다른 종류의 다양한 일에 적응하도록 돕는 것이다. AI의 혜택을 좀 더 많은 사람들이 더욱 다양한 상황에서 누리게 될 세상이 보다 앞당겨지고 있다. AI가 필요 없는 천재가

자율 주행 360도 영상을 공개한 웨이모.

생각해낼 수 있는 AI의 미래 세계에 우리 모두가 이미 발을 담그고
있다.

반도체 칩으로 파고드는 구글 AI

바야흐로 AI 대중화 시대다. 기업의 크기가 작든 크든, 직접 만들
든, 아니면 오토ML의 힘을 빌려 활용하든, 산업 곳곳과 우리 생활
속에 AI가 파고들고 있다. 하지만 물리적인 한계 또한 염두에 두어
야 한다. 자동차가 아닌 우리 생활 속의 작은 디바이스들, 이를테
면 밥솥부터 선풍기까지 생활과 밀착돼 있으면서 의미 있는 기능
을 하는 기구들이 더 똑똑해질 가능성에 주목해야 한다. 그런데 자
동차라면 모를까, 기껏해야 10만~30만 원대의 가전제품이 AI 기
술을 품자면 어찌 보면 배보다 배꼽이 더 커져서 고객들이 아예 외
면할지도 모른다. 그러나 이 부문이 분명 AI 기술의 혜택을 볼 수
있는 삶의 영역임은 분명하다.

《제2의 기계 시대2nd Machine Age》의 저자 앤드루 맥아피Andrew McAfee가
새로 내놓은 저서 《머신 플랫폼 크라우드Machine Platform Crowd》는 우리
가 겪고 있는 AI 혁명을 2차 산업혁명 당시 공장에 전기가 보급되
는 현상에 빗대어 그 심오한 의미를 설명하고 있다. 온갖 기계장치

를 구동하고 있는 큰 공장에 전기가 공급되는 방식이 종전에는 집단 구동collective drive 방식이었다면, 2차 산업혁명으로 개별 구동unit drive, 즉 개개의 기계장치가 독립적으로 전기를 소모하고 사용량을 제어할 수 있게 된 변화에 주목한 것이다. 개별 구동이 가능해지면서, 단순히 공장의 전반적인 전기료가 줄어든 것이 아닌 개개 기계장치의 잠재력이 극대화돼 전반적으로 최적의 효율을 기대할 수 있게 된 변화가 중요하다는 뜻이다. 만약 우리 생활 속의 디바이스들이 개별적인 지능을 갖게 된다면 이에 견줄 만한 변화를 꿈꿔볼 수 있다.

구글은 일찍이 AI 반도체 칩chip 시장 진출을 천명했다. 바로 내장형 AIembedded AI 시장의 문을 연 것이다. 그 배경에는 클라우드와 사물 인터넷IoT이라는 거대 조류가 자리한다. 구글의 AI가 자신들이 만든 데이터 센터Data Center를 기반으로 작동하는 것을 넘어서 타사가 만든 칩 형태로 자리하게 만든다는 전략이다. 구글은 2년 전 텐서 프로세싱 유닛Tensor Processing Unit, TPU을 선보였다. TPU는 신경망 기계 학습neural network machine learning을 위해 구글이 AI 컴퓨팅을 가속화하고자 만든 특수 용도 칩을 의미한다. 2016년 그 모습을 드러낸 시점에 이미 구글은 자체 데이터 센터에서 1년 넘게 이를 사용해온 경험이 있었다.

많은 사람들이 이러한 개방적인 접근에 대한 기대감, 의문, 궁금증이 뒤섞여 혼란스러워한다. 구글은 그들의 최신 기술을 오픈 소스로 공개한다. 그 오픈 소스를 활용하는 데 기업은 아주 상징적인 금액을 지불할 뿐이다. 오히려 경제적 부담보다는 그것을 다룰 수 있는 개발자가 있는가의 기술적 부담을 고려하는 게 우선이다. 그렇다면 구글이 노리는 오픈 소스 정책의 목적성은 무엇인가? 과연 어떤 목적이 있기는 한 것일까? 모두가 여전히 머리를 긁적이고 있다.

사물 인터넷 세상의 지배자, 아마존

흔히 공장 설비에 부착된 센서나 길거리의 CCTV를 연상시키는 사물 인터넷의 본질은 그것이 인터넷 환경에서 서로 연결된다는 점, 그리고 그 많은 정보들이 확장성 있는 클라우드 환경에서 분석되고 최적화될 때 제대로 된 가치를 실현한다는 점이다. 아마존이 사물 인터넷 세상에서 지배자로 부상하고 있는 뒷배경에는 클라우드시장의 지배력이 있다. 아무리 많은 센서를 깔아놓았다고 해도 디바이스 하나하나에 분석과 최적 의사 결정을 위한 AI 알고리즘을 집어넣으려 들면 경제성은 성립하지 않는다.

그러므로 추적된 정보들을 가상의 공간에 저장하고, 실시간으로

IoT 기술 선형 구조

디바이스
하드웨어

디바이스
소프트웨어

커뮤니케이션

클라우드
플랫폼

클라우드 앱

분석해 사용자에게 의사 결정 포인트를 알려주는 AI 알고리즘은
클라우드 위에 존재해야 이치에 맞다. 사실 기업 IT 환경이 클라우
드로 급속하게 이전되면서 공장이나 설비에 관해 IoT를 도입해 예
방 유지 보수preventive maintenance 체계를 설계하려는 움직임에도 변화
가 일어나고 있다. 지멘스Siemens나 제너럴 일렉트릭General Electric, GE과
같은 굴지의 산업 솔루션 회사들은 이미 5~10년 전부터 IoT 기반
의 산업 설비 솔루션 보급에 많은 노력을 기울여왔다. 그러나 기존
의 아날로그적 환경에 있는 공장들에 IoT를 도입하는 데 있어 클라
우드 환경과의 원활한 구동과 이전에 늘 골머리를 앓아왔던 것이
현실이다.

이것이 이른바 IoT를 적용하는 데 있어 아래에서 위로 향하는
보텀 투 톱bottom to top 접근법이 지니는 한계다. 고객 현장의 비즈니
스 니즈를 빠짐없이 반영한 뒤 구동 환경을 택하려고 하니 진전이

어려웠다. 그러나 최근에 공장을 새로 짓는 많은 기업들은 위에서 아래로 향하는 톱 투 보텀 top to bottom 접근법에 관심을 기울이고 있다. 즉, 클라우드 환경(대부분 아

지멘스는 개방형 IoT 운영 시스템 '마인드스피어MindSphere'를 AWS에서 구동케 한다고 발표했다.

마존 웹 서비스AWS를 염두에 두고 있다)이 지니는 제약 조건을 인식하고 최상위의 클라우드 구동 환경을 염두에 두고서 아래로 설계해가는 방식이다. 현장의 니즈를 100퍼센트 반영하지만 경제성은 떨어지는 솔루션을 만들어 도입할 것이냐, 제약 조건을 인정하되 클라우드의 경제적 이득을 인지하고 70퍼센트 정도의 니즈를 반영한 솔루션을 실제 지속 구동할 것이냐의 선택지 앞에 많은 기업들이 놓여 있다.

고민의 깊이가 더해질수록 클라우드 기반으로 분석과 머신 러닝의 토양을 제공하는 아마존은 다가올 IoT 먹이사슬에서 최상위 포식자로 군림하기에 충분하다.

실제로 아마존은 스스로 IoT와 AI를 통합해낼 수 있는 최고의 회사로 포지셔닝하고 있다. 다음은 아마존 웹 서비스Amazon Web Service, AWS의 IoT 부문 홈페이지 소개의 일부분이다.

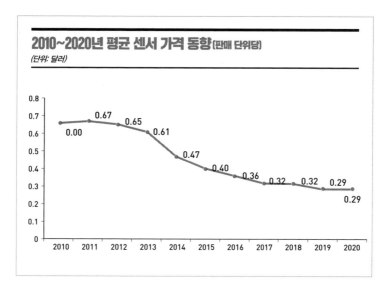

2010~2020년 평균 센서 가격 동향 (판매 단위당)
(단위: 달러)

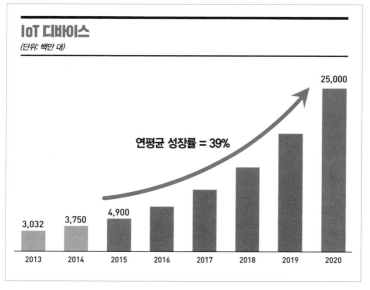

IoT 디바이스
(단위: 백만 대)

연평균 성장률 = 39%

탁월한 AI 통합: AWS는 더욱 지능적인 디바이스를 위해 AI와 IoT를 통합하고 있습니다. 클라우드에서 모델을 만든 다음, 이 모델을 다른 제품보다 2배 빠르게 실행되는 디바이스에 배포할 수 있습니다. AWS IoT는 데이터를 다시 클라우드로 보내 지속적으로 모델 품질을 향상합니다. 또한 AWS IoT는 다른 제품들보다 더 많은 기계 학습 프레임워크를 지원합니다.

센서든 카메라든, 아니면 간단한 통신기기든 그 값이 계속 떨어질 것은 분명하다. 기기의 값이 싸지고, 전 세계의 IoT 보급률은 빠르게 증가하면서 추적 기능이 있는 스마트 디바이스의 수가 기하급수적으로 늘면 생태계상에서 사업자가 취하게 될 이익의 원천은 극단적으로 크게 2가지로 귀결된다. 범용 디바이스를 대량으로 엄청나게 싸게 만들거나, 아니면 그 디바이스들을 최적화해내거나 다. 아마존은 명백히 후자에 초점을 둔 지배적 위치를 꿈꾼다.

3장

클라우드,
무한증식 생태계의 탄생 ▶

클라우드 세상의
창조자이자 지배자

유통의 한계 비용이 '0'으로 떨어지는 세계에서 그 주변 산업은
산술급수적이 아닌 기하급수적 성장 또는 쇠락의 기회에 직면
한다.   살림 이스마일Salim Ismail, 《기하급수 시대가 온다》 중에서

아마존은 2000년대 초 전자 상거래 비즈니스를 빠르게 확장하면서
플랫폼적 요구 사항을 지원하기 위해 컴퓨팅 인프라를 정기적으로
구매해야 했다. 이 구매 규모는 회사의 제품 및 서비스에 대한 수
요가 빠른 속도로 증가하더라도 사이트가 서비스 중단 없이 운영
될 수 있는 수준이어야 했다. 아마존 전자 상거래 수요는 폭발적으
로 증가했고, 자연히 아마존은 당장의 필요 수준 이상의 IT 인프라
를 구매하고, 상당 기간 유휴 용량을 유지해야 했다.

　이는 사실 서버를 구매하게 되는 그 어떤 회사라도 똑같이 겪는
문제다. 그러나 아마존은 이를 과감히 사업 기회로 삼았다. 이러한

초과 리소스를 유휴 상태로 두지 않고 정기적인 컴퓨팅 지출을 반복적인 수익원으로 바꿔낸 것이 바로 클라우드 비즈니스인 아마존 웹 서비스Amazon Web Service, AWS다.

제프 베이조스는 AWS를 1900년대 초 유틸리티 회사에 비유했다. 100년 전만 해도 전기가 필요한 공장은 자체 발전소를 건설할 수 있었지만 공장이 전기를 구매할 수 있게 되면서 값비싼 개별 전기 발전소 건설의 필요성이 줄어들었다. 기업의 컴퓨팅 수요도 마찬가지라고 본 것이다.

전통적으로 많은 양의 스토리지를 찾고 있는 기업은 실제로 스토리지 공간을 구축하고 유지해야 했다. 저장소를 너무 많이 만들거나 구매하면 사업이 예전만 못할 경우 재앙이 될 수 있다. 컴퓨팅 능력에도 동일하게 적용된다. 일순간의 피크 트래픽을 경험한 기업은 전통적으로 피크 시간대에 비즈니스를 유지하기 위해 많은 양의 전력을 구매하게 된다. 예를 들어 세무회계사가 일을 많이 하지 않는 기간인 5월에는 컴퓨팅 능력이 사용되지 않지만, 5월에도 회사의 비용은 여전히 많이 들어가는 것이 전통적인 유형이다. 클라우드 서비스를 통해 기업은 사용량에 비례해 비용을 지불하게 되는데, 스토리지 시스템을 구축하고 사용량을 예측할 필요가 없어 초기 비용이 매우 낮아진다. 클라우드 서비스 고객은 필요한 것을 사용하고, 비용은 그에 맞게 자동으로 조정되는 것이다.

넷플릭스, 클라우드로 갈아타다

아마존 유통은 '플랫폼 사업 모델'이라고 불린다. 여기서 잠깐 플랫폼의 모습과 업의 본질을 분석해보자. 자연스레 모여든, 또는 미끼를 통해 인위적으로 모이게 한 가입자들은 크게 공급자와 수요자로 구분된다. 때로는 한 주체가 양면성을 모두 가진다. 이들은 각각 플랫폼에서 제공하는 다양한 도구(예를 들면 사고자 하는 상품의 검색 및 추천, 팔고자 하는 상품의 게시 및 프로모션)를 통해 기존의 행위를 보다 저렴하게 할 수 있다. 나아가 가입자 규모가 늘어나면서 규모의 경제 혜택이 양방향으로 통하게 되는데, 이는 고객이 많으니 공급자가 달라붙으며 선택이 다양해지고, 이 과정에서 고객이 더 모여드는 효과를 뜻한다. 아울러 플랫폼의 가입자와 총거래 규모가 늘어나면서 새로운 서비스나 수익원(이를테면 광고)이 계속 달라붙으며 굴러가는 눈덩이 효과snowball effect까지 갖추게 될 때 실로 진정한 플랫폼업의 본질을 만끽하고 있다고 보면 된다. 그러나 AWS의 초창기 모습은 플랫폼 사업이 아닌 인프라스트럭처 서비스 모델Infrastructure as a Service, IaaS이라 규정할 수 있다. 여러 부가 서비스 등으로 수익을 창출하기보다, 기존보다 혁신적으로 비용을 절감할 수 있는 환경을 제공하는데 초점을 둔 서비스 모델이 바로 인프라스트럭쳐 서비스 모델이다. 넷플릭스Netflix가 초기에 AWS를 사용하는 모습이 그 전형이다. 2016

년 초 넷플릭스는 아마존이 제공하는 클라우드로의 이전을 완료했다고 선언했다. 넷플릭스의 클라우드 및 플랫폼 엔지니어링 부사장은 다음과 같이 밝혔다. "넷플릭스에서 클라우드로 이전하는 긴 여정은 2008년 8월에 시작됐다. 우리가 그러한 의사 결정을 하게 된 단초는 데이터베이스가 손상돼 3일 동안 회원에게 DVD를 제공할 수 없었던 사건이 있었기 때문이다. 우리는 클라우드의 높은 신뢰성, 수평 확장성, 분산력을 갖춘 시스템으로 이동해야 한다는 것을 깨달았다."

실제로 넷플릭스는 당시 놀라운 사업 확장 경로에 있었다. 미국

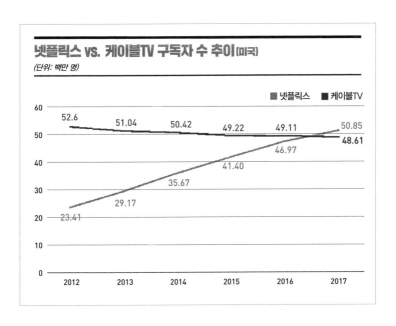

넷플릭스 vs. 케이블TV 구독자 수 추이(미국)

(단위: 백만 명)

■ 넷플릭스 ■ 케이블TV

시장에서는 케이블 서비스 가입자 수를 앞지르고, 국내 시장 규모의 한계에 봉착하자 글로벌 가입자 수를 폭발적으로 늘리게 된다.

이처럼 급속한 성장을 지원하는 것은 자체 데이터 센터에서 매우 어려웠을 것이다. 이것은 단순히 서버를 충분히 빠르게 래킹 racking한다고 되는 일이 아니었다. 클라우드의 탄력성 덕분에 몇 분 내에 수천 개의 가상 서버와 페타바이트급 스토리지를 추가해내는 확장이 가능했다. 넷플릭스는 실제로 애플리케이션을 구성하는 비즈니스 로직, 분산 데이터베이스 및 대용량 데이터 처리 및 분석, 권장 사항, 코드 변환 및 기타 수백 가지 기능과 같은 모든 확장 가

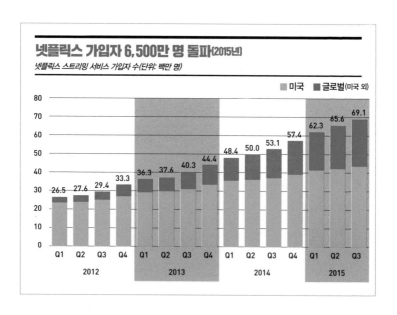

능한 컴퓨팅 및 스토리지 요구 사항을 클라우드에 의존한다.

　사실 '비용 절감'이 넷플릭스가 클라우드로 이동하기로 결정한 주된 이유는 아니다. 클라우드의 탄력성으로 인해 인스턴스 유형 혼합을 지속적으로 최적화하고 대용량 버퍼를 유지할 필요 없이 즉각적으로 풋프린트footprint(물리적인 사업 자산을 뜻하는 용어) 필요에 따라 성장 및 축소 결정을 유연하게 가져갈 수 있게 된 것이다.

클라우드 인프라와 플랫폼 사업의 '결박 효과'

클라우드 세상을 창출한 아마존은 유통 플랫폼을 모태로 태어났음을 부정할 수 없고, 여지없이 그 혈통을 클라우드 세상에서도 한껏 뽐내고 있다. 단순히 인프라스트럭처 제공자가 아닌, 사용자에게 애플리케이션 개발 툴을 제공Platform as a Service, PaaS하며 강력한 생태계를 구축 중이다. 기업의 IT 개발자들과 소프트웨어 스타트업들은 AWS에서 제공하는 다양한 애플리케이션 개발 툴을 다운받아 직접 솔루션을 개발해가고 있다. 그리고 그렇게 개발된 애플리케이션의 근간은 부모인 AWS에 결박됐기에 다른 클라우드 사업자인 마이크로소프트 애저MS Azure, 구글 클라우드로 쉽게 복제하거나 이전할 수 없게 되는 것이다.

클라우드 컴퓨팅의 가치 사슬: 개발, 지원 및 활용

클라우드 컴퓨팅 개발				클라우드 컴퓨팅 지원·활용			
HW	· 소형, 저전력, 친환경 서버 및 스토리지			**IaaS**	· 이용자에게 저장 공간 및 컴퓨팅 자원 제공		
	데이터 센터 구축	x86 서버	All Flash Storage		데이터 센터 운영 관리	보안 관리	Thin-Client 단말기
SW	· 가상화, 분산처리, 빅데이터 분석 등			**PaaS**	· 이용자에게 애플리케이션 개발 툴 제공		
	서버 가상화	분산처리	빅데이터 분석		앱 엔진 제공	플랫폼 운영	HTML5 기반 UX
N/W	· 클라우드 지원 스위치, 라우터, G/W 등			**SaaS**	· 이용자에게 애플리케이션 제공		
	웹 호스팅	트래픽 관리	유무선 융합		애플리케이션 개발	빅데이터 분석 서비스	솔루션 제공

클라우드 사업 가치 사슬. 클라우드 컴퓨팅은 새로운 사업 영역을 창출해냈다.
당신의 업은 어느 자락에 위치하거나 접해 있는가?

이제 이러한 클라우드 인프라와 플랫폼 사업 모델의 결합은 아마존뿐 아니라 마이크로소프트와 구글 등 경쟁자들도 모두 함께하고 있다. 하지만 아마존이 가장 먼저 갔다는 사실은 너무나 중요하다. '결박 효과'에 주목해야 하기 때문이다. 결박 효과는 이를 만들어 낸 사업자에게 항상 수동적 수입passive income을 가져다준다. 먼저 결박되고 나면, 후발 사업자들은 이것을 풀어내는 비용을 지불해야 하기에 불리한 선상에서 출발하는 것이다. 뛰어난 기획력과 혜안으로 소비자를 사로잡는다면 비용 없이 그 결박을 풀 수 있다고 생각할 수 있다. 하지만 이 세상에는 너무나 비슷하게 똑똑한 사람들이 많음을 명심해야 한다.

소프트웨어 업계 종사자로서 필자가 주목하는 점은, 최근 짧은 기간에 매우 굵직한 형태로 한국 기업들의 클라우드 서비스에 관한 수요가 형성돼가고 있음을 절감한다는 점이다. 개인 정보 보호에 민감한 공공과 금융 사업자들마저 규제 당국의 도움을 받고 나름대로 머리를 짜내 클라우드에 몸을 실으려 하고 있다. 온프레미스(소프트웨어를 서버에 직접 설치해 쓰는 방식) 주력의 사업자들이 "어, 어…" 하면서 시장이 넘어가는 것을 보게 되거나, 또는 어쩌다 터질 클라우드 보안 사고 등으로 멈칫한 상태에서 일정 기간 온프레미스와 클라우드 간의 균형점이 생기거나 둘 중 하나의 시나리오를 예상해본다. 하지만 분명한 것은 우리 눈에 보이지 않는 소프트웨어 세상이 어느덧 또 눈에 보이지 않을 '구름cloud' 위로 한참 올라가고 있는 중이라는 점이다.

핵심 역량에 대한 '분별력'이 근원이다

아마존의 클라우드 비즈니스와 같이 기업이 기존 사업의 내부적인 문제를 해결하는 과정에서 생긴 노하우로 신사업을 만들어내는 경우가 다수 있다. 이른바 '청출어람'식 신사업 개발이라 할 이 같은 대표적인 국내 사례가 간편결제 카카오페이다. 카카오페이 출범 전, 카카오는 '선물하기' 기능상에 결제 오류율이 치솟아 골머리를 앓았고 이 과정에서 오늘날 카카오페이의 프로토타입이 완성됐다. 이러한 방식의 신사업 개발은 크게 3가지 조건이 형성돼야 가능하다.

첫째, 자기 사업의 핵심적인 운영상 문제를 외부의 손에 맡기지 않고 내재화된 역량으로 끈질기게 풀어내려는 집념이 필요하다.

둘째, 개발자든 누구든 '현장'이 기능적이고 좁은 문제 해결에 천착하는 동안 이를 적어도 1만 피트(약 3,000미터) 상공에서 관찰하고 잠재력을 읽어낼 수 있는 경영자의 판단력이 필요하다.

셋째, 이것을 사업화해 남의 사업을 도와줄 때 자신의 기존 사업에 끼치는 해악cannibalization에 관해 다음 세 갈래 중 하나의 판단이 서야 한다. ① 자신이 시장에 제공하게 될 서비스가 고객사 운영상 이슈의 부수적 문제를 해결하는 것이어서 그 고객이 자신의 본원적 사업을 위협하지 않는다고 판단하거나, ② 자신의 본원적 사업은 수명을 다해가고 있기에 기존 사업에 끼치는 해악에 대한 염려는 '사치'라고 판단하거나, ③ 자신의 본원적 사업에서는 더 이상 해당 기능의 개선이 핵심 역량을 가져다주지 않는 시기가 온다고 판단한다.

아마존은 이러한 맥락에서 대표적으로 2개의 상이한 선택을 했다. AWS는 앞의 ①과 ③이라고 판단한 경우다. 클라우드 서비스를 공급받는 많은 제조업이나 금융기관이 클라우드로 비용 경쟁력을 갖는다고 유통업에 진출해 아마존을 위협하는 일은 있을 수 없다고 봤다.

아울러 설령 현재의 타 유통사들이 클라우드를 채택한다고 해도 이는 아마존이 끌고 갈 온라인 유통의 세계에서 경쟁하기 위한 하나의 요건에 불과하다고 판단했다. 그러나 1장에서 이야기한 유통 물류 창고의 자동화 역량의 경우 이들은 그것을 외부 고객을 위해 사업화하지 않는다. 자신의 업의 핵심적 차별화 요소라고 본다는 뜻이다.

청출어람식 신사업 개발도 역시 자신의 본업에 있어서의 핵심 역량에 관한 '분별력'이 근원이 된다. 그리고 업의 본질이 각종 산업과 기술 융합 추세 속에서 예전보다 더 동태적으로 변화할 가능성이 있다면 그 '분별력'은 미래를 내다보는 경영자의 혜안과 담대함을 토대로 해야 한다.

제3의 기회,
하이브리드 클라우드의 성장

기업들이 자신들의 IT 운영 체계를 온전히 클라우드로 옮겨 가는 데는 큰 제약이 따르는 것은 사실이다. 실제로 완전히 새로운 기업 IT 환경을 구축하는 회사야 아무 문제 없지만 그렇지 않은 경우는 정보 보호의 이슈, 기존에 이미 구입한 서버들의 활용 필요성, 클라우드 서비스로 데이터를 저장하고 주고받는 데 소요되는 꾸준한 과금 등의 요소들이 부담이 된다. 그래서 새롭게 부상하는 영역이 하이브리드 클라우드hybrid cloud다.

하이브리드 클라우드는 공용 클라우드와 사설 클라우드를 결합해 데이터와 응용 프로그램을 공유할 수 있는 컴퓨팅 환경을 제공함을 뜻한다. 하이브리드 클라우드 컴퓨팅은 컴퓨팅 및 처리 요구가 변동될 때 타사 데이터 센터에서 데이터 전체에 액세스하지 않고도 온프레미스 인프라를 공용 클라우드로 원활하게 확장해 오버플로overflow를 처리할 수 있는 기능을 제공한다. 기업은 중요한 비즈니스 응용 프로그램 및 데이터를 회사 방화벽 뒤 온프레미스에 안전하게 보관하면서 기본 작업 및 중요하지 않은 컴퓨팅 작업은 공용 클라우드에서 유연하게 처리할 수 있다.

하이브리드 클라우드를 사용하면 회사에서 컴퓨팅 리소스를 확장할 수 있을 뿐 아니라 단기간의 수요 급증을 처리하거나 비즈니스에서 중요한 데이터 또는 응용 프로그램을 위해 로컬 리소스를 확보해야 할 때 대규모 자본을 지출하지 않아도 된다. 회사는 장기간 유휴 상태로 남아 있을 수 있는 추가 리소스와 장비를 구입해 프로그래밍 및 유지, 관리하는 대신 일시적으로 사용하는 리소스에 대해서만 비용을 지불한다. 하이브리드 클라우드 컴퓨팅은 데이터 노출 위험을 최소화하면서 클라우드 컴퓨팅의 모든 이점(유연성, 확장성 및 비용 효율성)을 제공한다는 점에서 매력적이다.

이 부문의 강자는 사실 마이크로소프트다. 마이크로소프트는 엔터프라이즈 소프트웨어 부문에서 오랜 사업 역사를 일구었던 까닭에 매우 자연스럽게 기업들의 이러한 도전 요인을 간파하고, 아마존과의 차별성을 부각해왔다. 실제로 2018년 모건스탠리Morgan Stanley의 조사에 따르면, 하이브리드 클라우드 서비스에서 기업의 최고 정보 책임자CIO의 44퍼센트가 마이크로소프트를, 25퍼센트만이 아마존을 최우선으로 고려하고 있다고 밝혔다. 그러나 클라우드 서비스의 원조 격인 아마존이 이 기회를 놓칠 리 없다. 아마존은 최근 AWS 아웃포스트AWS Outposts라는 서비스를 내놓았다. 이는 기업이 기업의 사적 네트워크 및 아마존의 공용 클라우드 네트워크 모두에서 아마존 서비스를 사용할 수 있도록 고안된 대항마다. 이 대항마가 역전의 레이스를 펼칠지 두고 볼 일이다.

클라우드시장 성장의 원천은 무엇인가

하이브리드 클라우드 전쟁에서는 또 누가 이길지 모르겠지만, 아마존과 마이크로소프트 간의 싸움은 경영자들에게 '성장의 원천 Source of Growth을 읽는 눈'이 얼마나 중요한지를 일러준다.

클라우드가 성장한다고 하면 몇 가지 원천으로 나누어봐야 한다. 완전히 새로 IT 환경을 구축해야 하는 그린 필드green field, 기존의 레거시를 짊어지고 고민해야 하는 브라운 필드brown field로 말이다. 기존의 큰손 기업 고객들 대부분이 브라운 필드에 있음이 사실이며, 이 시장에 마이크로소프트는 훨씬 더 가까이 있었다. 이 2가지 시장의 형성 방향을 두 기업 중 누가 더 혜안을 가지고 읽어냈는지는 알 수 없다. 하지만 마이크로소프트는 기존 엔터프라이즈 소프트웨어업에서의 자신의 지위를 십분 활용하고 있다. 이는 클라우드시장이 같아 보이지만 다른 원천에서 형성돼 다른 결로 움직이고 있기 때문이다.

우리는 흔히 범용적 솔루션(꼭 소프트웨어가 아니라 고객의 애로점을 해결할 수 있는 서비스를 통틀어 이야기하자) 사업 성장의 기회를 찾을 때 곧바로 유통이냐, 물류냐, 헬스케어냐 하는 식의 도메인 기회 파악 접근을 쉽게 생각한다. 왜냐하면 이쪽이 시장 기회를 측정하기가 상대적으로 우월해 피상적인 리포트가 여기저기 많이 돌아다니고, 기업에서 윗선에 제출할 보고서를 작성하기가 유리하기 때문이다. 하지만 그에 앞서 근원적으로 시장의 니즈를 나누어보고 지금 이루어지는 성장이 대부분 어디에서 나오는지 파악해야 한다.

클라우드, 무한 경쟁 시대

저만치 앞서가는 아마존에 비하면 클라우드시장에서의 구글의 입지는 '구글'답지 못한 게 사실이다. 왜, 무슨 이유로 그리 뒤처졌는지(역량 문제인지, 아니면 다분히 고의적 선택의 결과인지) 정확히 알 수는 없지만, 그들이 추격하고자 한다는 점은 분명하다. 아마존의 아성을 무너뜨리려는 추격자들은 집요하게 차별화 전략을 추진한다. 하이브리드 클라우드를 맨 먼저 치고 나간 것이 마이크로소프트였다면 게임 클라우드를 유력한 도메인으로 삼고 맹렬히 달려들고 있는 사업자는 바로 구글이다.

우리에게 가장 친숙한 컴퓨팅 분야로서 클라우드의 바람을 가장 먼저 탄 것은 온라인 게임이다. 콘솔 게임업자들이 여전히 건재하지만, 그것 자체도 온라인 접속을 통해 다자간 게임 형태로 진화했다.

구글은 최근 클라우드 컴퓨팅 기반 게임 서비스 플랫폼 '아고네스Agones'를 오픈 소스open-source로 공개했다. 아고네스는 클라우드 서버를 통해 대규모 분산처리 시스템 기반 게임 서비스를 구축하게 해준다. 오케스트레이션 플랫폼 '쿠버네티스Kubernetes'를 기반으로 게임 전용 서버의 배포 및 확장을 자동화한다. 구글은 게임 개발사 유비소프트Ubisoft와 손잡고 아고네스를 개발해왔다.

아고네스는 대규모 온라인 멀티플레이 게임에 강점을 갖도록 설계됐다. 글로벌 서비스이면서 많은 동시 접속자를 감당해야 하는 과제를 해결한다. 온라인 다중 접속 게임은 사용자를 레벨과 같은 조건에 따라 여러 그룹으로 분류하고, 그룹 내 사용자들을 매칭해 게임을 하게 할 수 있어야 한다. 아고네스를 이용하면 그룹화와 매칭을 맡는 서버가 서버 매니저에게 게임 플레이를 위한 서버 자원을 요청한다. 서버 매니저는 게임 전용 서버를 생성, 유용 자원으로 할당해 플레이하도록 한다. 매칭 서버는 할당된 자원과 플레이어를 연결한다. 해당 그룹의 플레이가 종료되면 할당됐던 게임 전용 서버는 폐기된다.

시장 조사업체 리서치 앤드 마켓Research and Markets은 최근 '글로벌 클라우드 게임시장 2018~2022' 보고서에서 전 세계 클라우드 게임시장이 연평균 30.48퍼센트 성장할 것으로 전망했다. 이는 1년 전 리포트의 향후 4년 전망치인 28.86퍼센트보다 상승한 수치다.

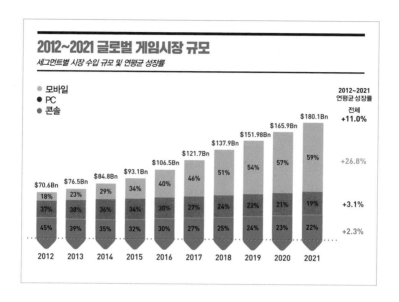

2012~2021 글로벌 게임시장 규모
세그먼트별 시장 수입 규모 및 연평균 성장률

● 모바일
● PC
● 콘솔

2012~2021
연평균 성장률

전체
+11.0%

	2012	2013	2014	2015	2016	2017	2018	2019	2020	2021	연평균 성장률
규모	$70.6Bn	$76.5Bn	$84.8Bn	$93.1Bn	$106.5Bn	$121.7Bn	$137.9Bn	$151.98Bn	$165.9Bn	$180.1Bn	
모바일	18%	23%	29%	34%	40%	46%	51%	54%	57%	59%	+26.8%
PC	37%	38%	36%	34%	30%	27%	24%	22%	21%	19%	+3.1%
콘솔	45%	39%	35%	32%	30%	27%	25%	24%	23%	22%	+2.3%

이 보고서는 다중 사용자 시나리오 게임과 여러 플랫폼을 넘나드는 게임 경험을 요구하는 사용자들의 니즈에 따라 클라우드 게이밍의 보급률이 상승할 것임을 전망했다.

조금 더 들여다보면 클라우드 게이밍 환경이 각광받는 데는 보다 미시적인 이유가 있다. 버전 업된 게임의 즉각적 업데이트가 쉽다는 점이다. 사용자는 구독 기간 내에 아주 쉽게, 추가 비용 없이 업데이트된 게임 버전에 액세스할 수 있다. 사실 콘솔 게임이 온라인으로 바뀌고 다중 사용자 환경에서 업데이트된 게임을 좀 더 쉽게 즐길 수 있는 클라우드 환경으로 이전해 가면서 한 가지 눈에

띄는 특징이 생겨나고 있다. 이는 곧 게임 개발 비용이 엄청나게 치솟는다는 점이다. 게임 버전이 빨리 업데이트되지 않으면 사용자 경험에서 뒤처질 수밖에 없다. 대형 게임들은 이미 매일매일 새로운 경험을 제공해야 하는 무한 경쟁 시대에 접어들어 있다고 볼 수 있다.

이처럼 클라우드라는 환경은 스토리지와 같은 기반 인프라 사용에 드는 비용은 줄였지만, 소프트웨어의 버전을 끊임없이 업그레이드해야 하는 매우 빠른 사이클의 개발이 요구되는 무한 경쟁과 속도전을 거듭하게 만든 것이 사실이다. 아마존과 마이크로소프트, 그리고 구글과 같은 클라우드시장 '빅 3'가 가져온 새로운 소프트웨어 산업 지형의 단면이라 할 수 있다.

4장

헬스케어,
생명 연장의 꿈

가치 사슬을 뒤흔들다

세상에는 아직 발명되지 않은 것이 많다. 앞으로 새로 일어날
일도 많다. 인터넷의 위력이 얼마나 대단할지 우리는 아직 모
른다. 오늘은 그저 거대한 미래가 시작되는 첫날일 뿐이다.

제프 베이조스, 아마존 본사 데이원 노스Day 1 North 빌딩에 적은 메시지

아마존의 헬스케어 비전은 유통을 오랫동안 다뤄본 전문가답게 가
치 사슬value chain을 바라보는 거시적 관점에서 시작한다. 나날이 치
솟기만 하는 헬스케어 비용을 구조적으로, 그리고 혁신적으로 줄
일 수 있는 방안을 찾으려는 의지다.

가치 사슬 분석value chain analysis은 너무나 고전적인, 하지만 강력한
산업 분석 도구다. 어떤 산업이건 고객의 효익을 증가시키는 솔루
션이 만들어져서 최종적으로 고객이 값을 지불하고 사용하기까지
의 일련의 과정을 의미 있는 덩어리로 쪼개기 시작하면 크게 2가
지를 발견할 수 있다. 첫째, 어떤 영역의 사업이 가장 크고 이익을

많이 가져가는가? 둘째, 그중에서도 고객에게 실제 효익을 창출하는 영역은 무엇인가? 여기에서 흔히 '가치 없는 미들맨low-value added middlemen'이 모습을 드러낸다. 돈은 많이 벌어 가지만 고객이 큰 가치를 부여하지 않는 사업군이 등장하는 것이다. 이들은 대부분 새로이 대체 가능한 과거의 유물, 레거시legacy다. 과거의 관습과 사업자나 고객의 오래된 사고방식에 기대어, 똬리를 틀고 앉아 자신들의 이익을 지켜내기 위해 가치 사슬을 보다 더 비효율적으로 만들려는 시도들을 한다. 아마존은 오프라인 서점을 레거시라고 생각했다. 헬스케어에 대해서는 무슨 생각을 하고 있을까?

약도 배달한다

베이조스는 '중간 유통 사업자middlemen'를 집중적으로 공략한다. 가능하면 서비스 공급자와 소비자를 바로 연결해 비용을 낮추고 서비스 만족도를 높이는 전략이다. 이는 아마존의 일관된 비즈니스 모델이며, 베이조스가 투자한 작닥Zocdoc 역시 환자가 바로 의사와 병원에 예약할 수 있도록 도와주는 앱이라는 점만 봐도 잘 알 수 있다. 이는 아마존이 가장 잘할 수 있는 분야다. 새로 창립할 회사 역시 헬스케어 시스템에서 중간 유통 과정을 생략하고 워크플로 내의 비효율적인 프로세스를 줄여 비용을 절감하는 데 집중할 것으로 보인다.

아마존은 2018년 6월 온라인 약국 필팩PillPack 인수를 선언했다. 필팩은 미국 50개 주 의약품 유통 면허를 가진 온라인 약국으로, 배송 서비스도 겸하고 있다. 여기까지는 전통적인 B2B 의약품 유통사 인수에 그치는 평범한 이야기지만 벌써부터 헬스케어업계는 크게 긴장하고 있다. 유통을 파고드는 아마존의 혁신이 기존의 헬스케어 가치 사슬을 뒤흔들 것이라 보기 때문이다. 아마존은 헬스케어 스타트업 젤스Xealth와 환자의 집으로 의료품을 배달해주는 프로그램을 개발하고 있다. 시애틀에 본사를 두고 있는 젤스는 치료법, 운동 지침, 진료 예약 등을 할 수 있는 의료 플랫폼을 서비스한다. 2018년 프로비던스 창업 보육 센터에서 분사한 뒤 약 850만 달러(약 95억 5,000만 원)의 투자를 유치한 바 있다.

아마존이 이번에 개발하는 의료품 집배송 서비스는 아직까지는 처방전 없이 구입할 수 있는 의약품에 한한다. 그러나 주기적으로 의약품을 소비해야 하는 소비자의 불편을 해소하는, 매우 기본적인 니즈를 공략할 것으로 보인다. 퇴원하는 환자는 자신이 주기적으로 복용해야 할 비非처방전 의약품 정보를 받을 수 있다. 그리고 퇴원 후에는 병원 홈페이지에서 의약품 정기 배송 주문을 할 수 있게 된다. 특히 당뇨나 고혈압 등 만성질환에 시달리는 환자들을 타

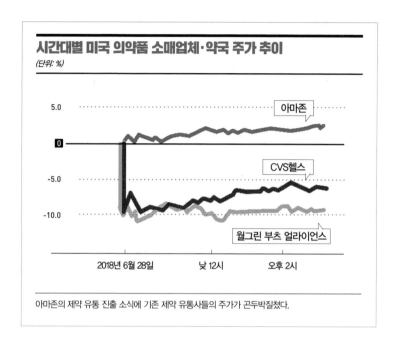

시간대별 미국 의약품 소매업체·약국 주가 추이
(단위: %)

5.0 ⋯⋯⋯⋯⋯⋯⋯ 아마존 ⋯⋯⋯

0

CVS헬스

-5.0 ⋯⋯⋯⋯⋯⋯⋯⋯⋯⋯⋯⋯⋯

-10.0 ⋯⋯⋯⋯⋯⋯⋯⋯⋯⋯⋯⋯

월그린 부츠 얼라이언스

2018년 6월 28일   낮 12시   오후 2시

아마존의 제약 유통 진출 소식에 기존 제약 유통사들의 주가가 곤두박질쳤다.

깃으로 서비스를 확대할 것으로 보인다.

현재 미국 시애틀의 프로비던스 건강 시스템과 피츠버그 의료 센터가 젤스에 투자했다. 따라서 이번 프로그램에 두 회사의 의료 시스템이 포함될 것으로 보인다. 여기에 최근 아마존이 인수한 약품 배달 서비스 기업 필팩이 시너지를 낼 전망이다. 배송은 아마존 프라임을 통해 받을 수 있으며, 프라임 회원의 경우 할인 혜택도 받는다. 만약 프라임 회원이 아니라면 다른 전자 상거래 업체를 통해 이용할 수 있다.

비효율을 깰 수 있는 힘

가치 없는 미들맨을 제거하는 힘은 인위적으로 생겨나지 않는다. 기존 가치 사슬의 다른 핵심적 가치 창출자들에게 이들을 혁파할 수 있는 힘을 불어넣어야 한다. 헬스케어에서 핵심적 가치 창출자는 역시 병원과 의사다. 2018년 12월 아마존은 (3장에서 살펴본) AWS의 일환으로 환자들의 진료 기록을 손쉽게 분석할 수 있는 소프트웨어를 염가로 공급하겠다는 계획을 발표했다.

병원과 의사는 이 소프트웨어를 통해 치료법을 개선하고 비용을 절감할 수 있는 인사이트를 찾아내기 시작할 것이다. 환자들의 기록, 진료 차트 등 텍스트 분석text analysis 기능으로 의미 있는 데이터를 검색, 분석, 가공할 수 있게 된다. 이는 언뜻 아마존의 소프트웨어 장사처럼 보일 수 있겠지만, 궁극적으로는 환자와 의사를 곧바로 이어주는 플랫폼 형태로 진화할 전초기지 격의 도구라고 보는 것이 더 타당하다. 의사들이 곧바로 환자들에게 복약 지도 또는 식이요법에 관한 푸시push 알림을 제공한다고 생각해보라. 아울러 상업적 목적으로 연대한 병원과 의료 자재의 기존 중간 도매상과 아마존이 연대한다고 생각해보자. 고객은 원 클릭one-click(이미 리테일 아마존 플랫폼에서 고객은 회원 가입과 신용카드 등록 후 단 한 번의 클릭으로 주문을 완료할 수 있다)으로 의사의 복약 지도에 맞는 모든 물품을

집 앞까지 배달해 받아 볼 수 있을 것이다. 중간에 보험사, 약국 등
과 같은 어쩌면 비본질적인 미들맨들이 이 과정에서 소외되기 시
작한다면 의료 가치 사슬은 점점 그들의 존재를 미약하게 만들 수
있다. 또한 핵심적 가치 창출자인 병원과 의사 그리고 값을 지불하
는 고객은 그들을 외면하게 될지도 모른다.

유통과 플랫폼에 관한 마인드는 아마존에 있어 기업의 전략 게
임에 임하는 가장 큰 무기임이 분명하다. 가치 사슬의 비효율을 읽
는 힘, 그리고 그 비효율을 깰 수 있는 동력을 찾는 힘, 이 2가지가
아마존의 헬스케어 사업을 움직이는 핵심 메커니즘이 될 것이다.

가치 없는 미들맨을 제거하라

아마존의 헬스케어에 대한 관심은 바로 자신의 비용을 낮추는 데
도 쏠려 있다. 미국 기업들은 계속 치솟기만 하는 직원들의 의료보
험 비용 때문에 골머리를 앓고 있다. 미국은 전 세계 국가 중에서
국민의 의료비 지출이 가장 많은 나라로 꼽힌다. 2018년 미국 경
제에서 헬스케어 관련 비용이 차지하는 비율은 18퍼센트에 육박했
다. 미국 의료시장 소비자는 연평균 1만 달러가 넘는 돈을 헬스케
어 비용으로 지출하고 있다. 미국의 헬스케어 비용이 높은 이유가

구조적이라면 아마존의 임직원들도 예외일 수 없다.

가치 사슬 내에서 발휘할 수 있는 가장 근본적 힘은 규모^{scale}다. 결국 헬스케어 서비스의 구매력을 획기적으로 높이는 방법을 찾는 것이 일차적으로 해야 할 일이다. 이러한 맥락에서 아마존은 '투자의 귀재' 워런 버핏이 이끄는 버크셔해서웨이, 미국 최대 투자은행 JP모건체이스와 함께 미국의 의료 비용을 낮추기 위해 공동 법인을 설립해 헬스케어 산업에 뛰어든다고 최근 발표했다. 이들 3사는 공동 성명에서 "미국에서 기업에 고용돼 있는 직원들의 의료 비용 문제 해결을 위해 '이윤을 목표로 하지 않는' 헬스케어 법인을 공동 창립하는 데 뜻을 모았다"라고 밝혔다. 사업은 해당 3개 업체 120만 명의 임직원을 대상으로 우선 진행할 예정이다. 상품 설계사 영입, 최고 경영자^{CEO} 선임 등 구체적인 사안은 아직 정해진 것이 없다. 제프 베이조스 아마존 CEO는 "의료 서비스의 질을 높이면서, 동시에 경제적 부담을 줄이는 일은 노력할 만한 가치가 있다"라며 공동 법인 설립 배경을 설명했다. 그동안 기업의 사회적 책무를 강조해온 버핏 회장은 성명을 통해 의료비를 "굶주린 기생충"이라고 비판했다. 제이미 다이먼^{Jamie Dimon} JP모건체이스 CEO는 "보험사와 설계사들이 이익을 취하는 인센티브 제도와 각종 제약을 없앨 것"이라며 "직원과 가족, 나아가 모든 미국인에게 혜택이 돌아가는 해법을 만드는 게 목표"라고 덧붙였다.

대기업들이 가치 사슬 내에서 구매력을 높여 의료 비용 문제 해결에 나선 것은 이번이 처음이 아니다. 버라이즌Verizon, 아메리칸익스프레스American Express, IBM, 셸오일Shell Oil 등 20개 회사는 2년 전 직원들의 의료 서비스 구매 방식을 개선하기 위해 '헬스 트랜스포메이션 얼라이언스HTA'에 가입했다. 2017년 12월에는 미국의 대형 약국 체인 CVS헬스가 건강보험 회사 애트나Aetna를 690억 달러에 사들였다.

3사의 발표는 '유통 공룡' 아마존이 헬스케어시장에 진출해 전자상거래 분야에서처럼 헬스케어시장의 수익을 잠식할 수 있다는 우려가 높아지는 가운데 나왔다. 언론은 이들 3사의 궁극적인 목표가 고용 비용 또는 인건비를 낮추는 데 있다고 보았다. 〈워싱턴 포스트〉는 브랜다이스 경영대학원 교수 벤저민 고메스Benjamin Gomes의 말을 인용해 "이들 회사는 모두 수익 창출의 대가"라며 "직원들의 의료 비용을 낮춘다는 것은 결국 고용 비용을 낮추는 것을 의미한다"라고 전했다.

아마존이 '집'을 노리는 이유

이 밖에도 아마존의 헬스케어에 대한 관심은 전방위다. 아마존의 클라우드 팀은 AI, 첨단 기술을 의료 회사에 판매하고 있다. 사내 비밀 연구 팀 그랜드 챌린지는 의료 기록, 원격진료 등을 연구하고 있다. AI 음성 비서인 알렉사^Alexa 내 건강관리 팀은 건강 관련 응용 프로그램^AP 개발에 주력하고 있다.

여러 계획 중에서도 아마존이 헬스케어 부문에서 '집^home'이라는 원천적 주거 공간에 가장 빨리, 가장 깊게 침투하려 한다는 점에 주목해야 한다. 2018년 10여 명의 전문가로 꾸려진 이 팀은 음성 비서의 역할을 당뇨병 환자, 신생아와 그를 돌보는 산모, 고령자 등을 타깃으로 이들의 케어에 맞춘 것으로 보인다. 건강에 대한 관심은 우리가 깨어서 움직이는 모든 시간대에 따라 다닌다. 하지만 집에 설치된 음성 비서가 가장 잘 케어할 수 있는 고객군은 역시 집에서 대부분의 시간을 보내야 하는 고령층, 그리고 신생아와 산모들이라고 할 수 있을 것이다. 알렉사 음성 비서는 2018년 현재 미국 내 총 400만 가구에 보급돼 있는 상태다.

사실 아마존의 알렉사를 통로로 활용되는 다양한 앱들은 아마존 스킬스^Amazon Skills라는 프로그램하에 제공된다. 그 일환으로 아마존은 2017년 글로벌 제약 회사인 머크^Merk사와 당뇨병 관리 앱을 만들기 위해 콘테스트를 개최해 웰페퍼^Wellpepper사가 만든 슈거포드 ^Sugarpod라는 서비스를 선정하기도 했다. 그러나 이를 포함해 대부분의 당뇨병 관리 앱들이 아직 계획대로 데뷔하지 못했거나, 했더라

도 소비자들에게서 별다
른 리뷰를 받지 못하고
있다.

알렉사의 문제인가,
음성 비서라는 서비스
의 문제인가, 아니면 사
람들이 집에서 제공받는
헬스케어 프로그램에 별

알렉사는 의료 부문에서 가상 전문 의료 상담 기능에 도전한다.

관심이 없어서인가? 냉정히 말해, 아직 사람들은 알렉사류의 음성
비서에 관해 단순한 자동화(일정 알림이나 알람 시계 세팅, 또는 음악 자
동 재생) 외에는 '업무'를 맡기는 데 별로 관심이 없는 듯 보인다. 독
자들도 한번 생각해보자. 스마트폰을 바꾸면서 공짜로 얻은 음성
스피커, 또는 가입비만 내고 사용료를 거의 내지 않는 약정하에 인
공 지능 비서 등을 집에 데려다 놓고서 어떤 기능을 사용하고 있는
가? 대부분 음악을 자동 재생하는 정도의 기능을 꾸준히 쓸 테고,
나머지 일정 알림 기능 등은 몇 번 사용하고 시들해졌을지 모른다.
이유를 생각해보자면, 아직 사용자가 밀착성 stickiness을 가지고서 꼭
필요한 행위를 하도록 하는 데 기계를 신뢰하지 않기 때문이라고
보는 게 맞다.

사실 건강이나 질병 관리는 굉장히 필요하고도 중요한 행위이

며, 꾸준한 정보 습득과 실행이 필요하다는 점에서 우리 삶과 밀접하게 연관된 행위다. 그러니 신뢰성이 높은 전문가가 아니라면 우리 인간은 쉽게 그 영역에 누군가가 들어오는 것을 허락하지 않는다. 그러나 이러한 거대 담론적인 제약 말고도 서비스를 구현하는데 있어 헬스케어이기에 존재하는 고유한 난점 또한 있다. 실제로 아마존 알렉사는 고객의 민감한 건강 관련 정보를 취급하려면 미국 건강보험 양도 및 책임에 관한 법Health Insurance Portability and Accountability Act, HIPAA이 정해놓은 까다로운 규정을 만족해야만 한다. 알렉사가 의지할 AWS의 클라우드 플랫폼의 제반 정보 처리 체계는 HIPAA 규정을 충족하는 투자가 이루어졌고, 아울러 아마존은 건강 정보 보안 전문가를 영입하는 등 기본적인 규제를 충족하는 데 많은 노력을 기울이고 있다. 단, 이 또한 고객이 알렉사를 신뢰하고 자신의 정보를 내맡긴다는 전제하에 효용이 있는 조치들이지만 말이다.

이러한 난점들이 있음에도 아마존이 '집'을 노리는 이유는 헬스케어 진출을 꿈꾸면서 계획한 일부 야망들이 벽에 부닥쳐 있기 때문이기도 하다. 언론 보도에 따르면, 아마존은 처음에 아마존 비즈니스 플랫폼Amazon Business Platform을 통해 중간 도매상을 거치지 않고 병원에 곧장 제약사의 제품을 팔고자 했으나, 제도적인 문제와 기존 사업자들의 큰 저항에 부딪히고 있는 것으로 보인다. 기존의 오랜 전통적인 게임의 규칙에 젖어 있는 병원, 약국, 도매상 등의 구조를 기술로만 혁신하는 것은 매우 힘든 일일지 모른다. IBM의 왓슨Watson이 헬스케어 부문에 AI 서비스를 도입해 시장을 엄청나게 변혁해나가고 있는 것처럼 보이지만, 미국에서조차 언론들은 최근 이러한 변화의 모습이 상당 부분 과장돼 있음을 피력하고 있기 때문이다. 꼭 기술의 이슈는 아닐 것이다. 비효율적인 가치 사슬의 구조는 그 내부의 많은 사람들에게 나름의 행동 원칙을 수십 년간 주입했을 테고, 이를 단숨에 깨버리는 것은 쉽지 않은 일이다.

다른 IT 회사들과의 차별점은 아마존이 단순히 B2C 사업을 하고 있는 것이 아니라, 그것이 '유통'이라는 구체적인 소비 접점을 가지고 있음이다. 많은 IT 거인들이 기술을 무기로 헬스케어 산업을 파고들 때, 아마존은 강력한 개별 소비자 접점을 공략할 수 있는 기회들을 포석하고 있는 것이다. 모든 것이 장기전이다. 그 장기전에서 다양한 포석을 놓을 수 있음은 미래 전략 게임에서 더할 나위 없는 우위점이다. 결국 유통 사업을 하는 아마존이 알렉사라는 고객 접점을 가지고 있는 이상, 음성인식과 AI 기술이 발전할수록 아마존이 최전방에서 그 수혜를 입을 가능성이 가장 크다.

〈하버드 비즈니스 리뷰〉에 따르면, 조사 대상 소아과 의사들의 55퍼센트만이 그것도 매우 약한 수준의 신뢰도를 알렉사에 부여하고 있다. 그 이유는 근원적으로 '기술'이라는 것이 환자 치료와 관리에 어떻게 도움이 될지 의사들 스스로가 그 모습을 잘 떠올리지 못하는 '낯설음'이 자리 잡고 있어서다. 그러나 소비자 취향의 대세는 거스르기가 어렵다. 이미 미국 가정의 40퍼센트가 음성 비서를 채택하고 있고(많이 쓰는지가 문제가 아니라 이미 깔려 있다는 것이 무서운 일이다), 2020년까지 우리 인간이 컴퓨터에 날리는 검색 요청query의 절반이 음성 기반일 것이라는 예측은 매우 의미심장하다. 아울러 건강관리야말로 가장 생활 밀착형으로 이루어져야 하는 서비스 분야라는 점에서 볼 때, 집에 있는 음성 비서는 훌륭한 건강관리 동반자healthcare companion가 될 잠재력이 충분하다.

10여 년간 이른바 '계획된 적자'를 내며 아마존을 유통과 클라우드 분야에서 독점적 지위에 올려놓은 베이조스의 끈기를 잊지 말자. 지금 깔려 있는 알렉사가 '바보'처럼 느껴질지언정 이미 그들이 당신의 '집' 안에 있다는 사실이 중요하다.

협업을 통한 플랫폼 헬스케어 사업

기존 헬스케어 사업자들과 비교해 아마존의 가장 큰 약점은 실제 헬스케어 서비스를 제공하는 병원이나 클리닉 등을 소유하지 못하고 있다는 것이다. 가치 사슬의 핵심적인 플레이어들을 무기로 갖고 있지 못하다는 뜻이다. 어떻게든 이들과의 연계점을 찾아내야만 하는 것이 베이조스가 눈여겨본 사항임에 틀림없다.

아마존의 필팩 인수 및 디지털 건강 자산 처방 플랫폼 젤스와의 제휴를 염두에 두고 사업 구조도를 그려볼 수 있다.

아마존은 건강 보조원으로서 알렉사를 환자의 집으로 침투시켜

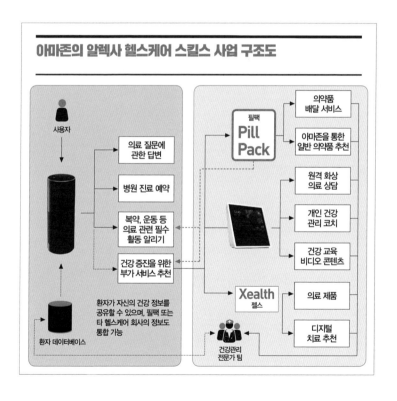

아마존의 알렉사 헬스케어 스킬스 사업 구조도

제품 판매를 늘리기 위해 부수적인 서비스를 추천할 수도 있다. 아마존이 앱 또는 기타 제공물(웨어러블, 건강 기록, 약물 기록)을 통해 공유되는 선택적인 환자 생성 데이터를 확보하게 되면 이는 중요한 자산이 될 것이다. 아울러 아마존은 의료 시설 및 신생 기업과 파트너 관계를 맺고서 원격 상담과 가상 건강 코치를 위한 옵션을 제공하고(음성 보조 패러다임에 통합), 건강 제품을 강조하는 교육용 비디오를 디스플레이하며, 아마존을 통해 구매할 제품에 대한 광고 또한 디스플레이할 수 있다.

실제로 아마존은 다양한 헬스케어 사업자와의 협업 성과물로 주목할 만한 몇 가지 알렉사 헬스케어 스킬스Alexa Healthcare Skills 프로그램을 출시해둔 상태다.

레노버 헬스 애플리케이션

2018년 2월 레노버Lenovo는 가상 환자 치료에 중점을 둔 알렉사 통합 플랫폼을 만들기 위해 아마존과 파트너십을 맺었다. 레노버 헬스 애플리케이션Lenovo Health Applications과 음성 기반 통신 시스템을 통해 사용자는 다양하고 새롭고 흥미로운 방식으로 의료 팀과 상호작용할 수 있다. 예를 들어 사용자는 알렉사를 사용할 수 있는 자신의 장치에 "알렉사, 내가 처방전을 다시 받아야 해." 또는 "알렉사, 나를 데리러 올 기사가 필요하다는 것을 내 코디네이터에게 알려주겠어?"라고 요청할 수 있다. 플랫폼은 또한 사용자가 심장박동 수, 혈압 등의 생체 정보를 모니터링하고 기록할 수 있는 착용형 장치와 통합해 기능 확장이 가능하다. 그런 다음 데이터를 저장하고 개인의 건강관리 팀과 공유하거나 단순히 장치에 질문함으로써 사용자가 액세스할 수 있다.

〈웹 MD〉 건강관리 Q&A

미국 의료 포털 〈웹 MD Web-MD〉는 2018년 3월 아마존의 에코Echo, 에코닷Echo Dot 및 파이어TVFire TV를 통해 건강 상태, 약물, 치료법 등 건강 관련 질문에 대한 답을 요청할 수 있다고 발표했다. 이로써 사용자가 알렉사 통합 장치에 "알렉사, 〈웹 MD〉에 독감 증상을 알려달라고 이야기해줘."와 같은 명령을 내리면 〈웹 MD〉의 다양한 의료 노하우 데이터베이스에 접근할 수 있다. 즉 알렉사는 자신이 가진 건강 지식과 노하우에만 의존하지 않는다. 〈웹 MD〉와 같은 특화된 건강 의료 정보 전문가 데이터베이스를 동원해 환자들이 궁금증을 해결할 수 있도록 자신의 능력을 가상적으로 확장하고 있다.

핏비트

핏비트 알렉사 스킬Fitbit Alexa Skill은 알렉사 사용 장치를 통해 추적 장치에 체크인해 사용자의 생활 습관이 건강관리 목표에 부합하도록 돕는 기능을 한다. 알렉사는 수면 시간, 걸음 수, 운동 시 소모된 칼로리, 심장박동 수 등을 포함한 개인 추적 항목의 긴 목록을 사용자에게 알릴 수 있다. 이 기술을 통해 사용자는 운동, 웰빙과 관련된 일일 진행 통계를 이전의 일, 주, 월 데이터와 비교해볼 수도 있다. 알렉사의 핏비트 기술을 통해 사용자는 자신의 건강 정보를 토대로 일상생활 습관이나 진료 등에 관해 객관적인 의사 결정을 할 수 있게 된다.

헬스탭

2018년 2월부터 텍스트, 비디오 및 음성으로 환자가 의사에게 연중무휴 액세스할 수 있는 헬스탭HealthTab이 닥터 AI 아마존Dr. AI Amazon 의 알렉사를 통해 서비스되기 시작했다. 이 서비스의 초점은 환자의 건강 관련 질의에 의미 있는 해결책을 제공하는 것이다. 음성 제어 서비스는 환자의 증상을 기반으로 건강 제안을 할 수 있으며, 실제 가상 상담을 위해 의사와 직접 환자를 연결할 수도 있다. 이 서비스는 진료소, 병원, 보험회사 및 정부 기관을 위한 기업용 제품뿐만 아니라 일반용 버전의 제품도 공급하고 있다.

헬스케어 '지니어스'

의료 산업은 일반인이 접근하기에 매우 복잡다단하다. 헬스케어 지니어스Genius는 일반적인 건강관리 관련 질문에 이해하기 쉬운 설명을 제공함으로써 사용자가 건강관리의 세계를 더 잘 이해하도록 돕는다. 사용자는 단순히 알렉사를 구동한 다음 "알렉사, 헬스케어 지니어스에게 의료보험에서 자기 부담금으로 공제되는 한도가 얼마인지 물어봐줘"와 같은 질문을 할 수 있다. 해석하기 까다로운 의료업계 용어에 대한 음성 답변 제공 기술이라고 보면 되겠다.

키즈MD

키즈MD KidsMD는 보스턴 어린이 병원Boston Children's Hospital에서 만든 서비스다. 서미아.io Thermia.io에 의해 강화된 이 서비스를 통해 사용자는 '일반적인' 질환 및 약물 투여에 대한 건강 정보를 요청할 수 있으며, 이로써 보다 정확한 정보를 바탕으로 의사 결정을 내릴 수 있다. 물론 이 스킬은 개인화된 의료 조언의 대체 수단이 될 수는 없다. 그러나 초기 사용자들이 남기고 있는 후기를 보면 서비스에 대한 반응은 아주 좋다.

지금까지 그려진 그림은 굉장히 이상적이며 또 멋져 보이는 게 사실이다. 하지만 구조적으로 아마존이 하지 못하는 빈틈 또한 분명히 보인다. 아마존은 아직 마음대로 활용할 수 있는 '임상' 서비스를 가지고 있지 못하다. 약물 치료가 가능해질 수는 있지만 관련 임상 서비스는 부족하다. 이때 아마존이 상상할 수 있는 방식은 2가지일 것이다. 첫째는 임상 서비스 공급업자들을 자신의 플랫폼으로 끌어들여 통합하는 것이다. 둘째는 인수 합병을 통해 스스로 임상 서비스를 소유하는 것이다. 아마존은 첫 번째 길을 우선 선택했다. 실제로 리버타나 홈 헬스 케어Libertana Home Health Care는 노인들을 위한 가정 간호사로 기능할 수 있는 알렉사의 잠재력을 간파했다. 이들은 고객들이 제시간에 약을 복용하도록 돕고 멀리 떨어져 있는 가족과 연락을 유지하며 넘어지거나 부상을 당했을 때 알렉사가 생명선 역할을 할 것으로 기대하고 있다. 매사추세츠 종합병원은 수술실에서 알렉사를 활용한 자기 검수 툴로 수술 시작 전 외과 의사가 안전 점검표를 통과할 수 있도록 했다.

아마존은 건강관리 분야의 기술을 개발하기 위해 타사 개발자의 역량에만 의지하지 않고, 이러한 종류의 경험을 변형할 수 있도록 내부 팀을 조직해놓고 있다. 아마존이 플랫폼 헬스케어 사업자로서 갖는 우위점은 크게 3가지로 표현할 수 있다. 첫째, 병원, 퇴직자 주택 또는 보험 제공자 등의 조직이 알렉사를 쉽게 운영에 통합할 수 있다. 헬스케어 사업자가 자신의 앱을 스스로 개발하는 것은 시간 소모적이며 비용이 많이 들 수 있으므로 이러한 기술적 장벽을 제거해주는 것이다. 이는 또한 새로운 시장에 알렉사 제품을 개방하는 효과가 있다. 다양한 건강 및 웰빙 모니터링 기능이 갖추어져 노인 가족에게 선물로 더 적합할 수 있으며, 의료 기관이 대량 구매할 수 있는 가능성 또한 열어준다. 마지막으로, 아마존이 사용자 경험을 연마하는 데 사용할 수 있는 가치 있는 통찰력을 제공할 수 있다.

물론 아마존이 사용자 건강 데이터에 액세스할 수 있게 하면 수집하려는 정보와 저장 방법에 따라 개인 정보 보호 문제가 제기되지만 이 시점에서 그 문제의 심각성을 예측하기는 어렵다. 인구 고령화와 예상되는 간호사 자원의 부족으로 의사의 진료실과 병원에 에코Echo 장치를 추가하면 건강관리 제공자가 처리해야 하는 보다 평범하고 지루한 작업을 완화할 수 있는 것이다. 이것은 그들이 보다 효율적으로, 그리고 가장 중요한 장소에서 시간을 보내는 데 도움이 될 수 있다. 또한 필요한 경우 간단한 음성 명령으로 노인이 친지에게 다가갈 수 있다는 점도 장점이다. 아픈 이들과 그들의 가족, 주변 사람들 사이에 안정감을 심어주는 기술의 힘은 우리가 모든 AI 헬스케어 사업자들에게 기대하는 부분이기도 하다.

생명 연장의 원천을 파고들다

마음 같아서야 구글의 담대한 신사업과 이를 이끄는 CEO가
누구여야 하는지에 대한 결정이 훌륭한 전략적 분석과 혜안
에 따른 결론이라고 이야기하고 싶다. 하지만 실상 우리는 늘
'시행착오'라는 고리타분한 방식으로 문제를 풀어왔음을 고백
한다.

에릭 슈미트Eric Schmidt, 구글 회장

구글의 헬스케어 사업은 2013년 9월 18일 캘리코Calico(California Life
Company)라는 회사명과 오래된 나무의 나이테 이미지를 홈페이지에
내걸며 시작됐다.

캘리코는 수명을 제어하는 생물학에 대한 이해를 높이기 위해
첨단 기술을 활용하는 것을 목표로 하는 연구 개발 사업체다. 사람
이 더 길고 건강한 삶을 살 수 있는 체계를 고안하기 위해 구글이
수집하는 방대한 정보와 지식을 활용한다. 구글의 모든 신사업이
그렇듯, 이러한 전 인류적 미션을 수행하기 위해 전례 없는 수준의
학제 간 노력과 자금, 세대를 넘는 장기적인 초점이 필요함을 분명

구글의 헬스케어 사업 '캘리코'.

히 하고 있다.

그 출발은 무엇일까? 아마존과는 너무나 다르게, 생물학^{biology}이라는 기초과학에의 접근에서부터 시작한다. 이와 같은 원천적 접근 방식은 구글의 특징이기도 하다. 자신들이 풀어내려는 문제의 크기에 걸맞게 그 문제의 원천을 파고들기를 마다하지 않는 대담함과 자신감이 배어난다. 캘리코의 근원적 임무는 수명을 제어하는 생물학의 세계를 이해하는 것이다. 사람들이 더 길고 건강한 삶을 살 수 있도록 개입하는 방안을 고안하는 데 있어 이 지식은 필수다. 여기에 의학, 유전학과 같은 요소 학문적 지식에 더해 머신러닝과 정보학, 약물 개발 분야 등의 응용 기술을 갖춘 탁월한 과학자 팀을 구성해 도전한다.

캘리코의 관심 영역은 심각한 노화 관련 질병에 대한 개입뿐 아니라 노화의 기본 생물학을 이해하는 데서부터 출발한다. 캘리코는 효모에서 벌레, 벌거숭이두더지쥐에 이르기까지 다양한 모델 생물체뿐만 아니라 인간 개체군의 노화에 대한 유전학을 연구하고 있다. 유전학을 넘어 단백질 축적, 스트레스 반응, 세포 에너지 및 노화의 특징에 초점을 맞추고 있다. 캘리코의 주요 치료 영역은 종양학, 신경 퇴행성 질환, 만성 염증 및 신진대사 장애다. 이러한 상태의 발생률은 고령에서 급격히 증가하고, 중대한 이환율(병에 걸리는 비율)과 관련되기 때문이다. 희귀 질환 환자에 초점을 맞춘 프로그램이 치료 개발이라는 맥락에서 노화 생물학을 탐구하는 독특한 기회를 제공할 수도 있다.

협업의 미학

구글은 절대 자신들끼리 일하지 않는다. 그들이 풀려고 하는 문제의 규모와 범위가 엄청남을 알고 있고, 그래서 자꾸 안보다는 밖으로 파고든다. 헬스케어도 다르지 않다. 구글의 이름으로 스카우트해낸 훌륭한 과학자 팀은 강력한 문제 해결 엔진으로 작동하나, 그 동력은 외부와의 광범위한 협업에서 얻어낸다.

2013년 처음 구글이 헬스케어 사업의 미션을 발표했을 때, 시장은 황당하다는 반응을 쏟아냈다. 신약 하나를 만드는 데도 10년 넘는 시간이 걸리는데 IT 기업인 구글이 '생명 연장'이라는 거창한 목표를 내세웠기 때문이다. 하지만 구글은 이듬해인 2014년 9월 글로벌 제약사 애브비 AbbVie와 캘리코의 노화 연구에 15억 달러 (약 1조 8,000억 원)를 공동 투자하는 계약을 체결했다.

처음 구글이 헬스케어 사업의 미션을 발표했을 때, 시장은 황당하다는 반응을 쏟아냈다. 2013년 9월 30일 자 〈타임〉 표지.

이어 2019년 3월에는 노화 방지, 항암 신약 개발을 위해 바이오 테크 기업인 C4 테라퓨틱스C4 Therapeutics와 5년간 협력 계획을 밝히기도 했다. 설립 당시 억만장자의 치기로 간주됐던 캘리코가 글로벌 제약사 및 바이오테크 기업과 잇따라 손을 잡을 정도로 성장한 것이다.

그 비밀은 막대한 자금력은 물론 적극적인 협업 정신에 있다. 캘리코는 벤처기업의 장점과 추진력을 선도 제약 회사의 자원 및 세계 수준의 R&D 역량과 결합하려고 한다. 구글은 오랜 기간 다방면에서 증명해온 자신들의 뛰어난 문제 해결problem solving 능력과 협업을 이끄는 리더십의 힘을 안다. 혁신적인 치료제 출시에 필요한 연구 지원과 이를 실험하고 상용화하는 데 있어 자신들이 발휘할 리더십의 힘을 믿고 있다. 구글은 첨단 과학(최첨단 시퀀싱, 전산 생물학 및 머신 러닝, 메타볼로믹스, 프로테오믹스, 미세 이미징 및 번역 생물학 포함)을 수행하는 데 필요한 연구 기반 시설에 막대한 투자를 해왔다. 글로벌 제약사인 애브비와의 생산적인 협력을 통해 약화학, 단백질 생산, 약물 스크리닝 및 구조 생물학 같은 자원에 대한 탁월한 액세스로써 치료 프로그램 및 발견 기술의 개발을 가속화하고 있다.

또 한편으로 캘리코는 고차원적이고 탁월한 과학에 대한 열정과 검증된 개발 전문성 및 역량을 결합함으로써 유망한 협력 프로그램을 성공적으로 발전시킬 수 있는 탁월한 파트너가 될 것이다. 해마다 새로운 협력 과제를 만들고 실험하는 과정이 곧 일상이고 결과물이라는 구글의 철학이 담겨 있다.

캘리코가 천착하고 있는 분야 중 하나는 칼로리 섭취가 전반적인 건강에 어떻게 영향을 끼치는지 탐구하는 것이다. 빌 & 멜린다 게이츠 재단Bill & Melinda Gates Foundation이 자금을 지원한 최근의 세계적 건강 연구는 가난한 식단과 영양이 평균수명과 삶의 질에 얼마나 큰 영향을 끼치는지를 정확히 지적한 최초의 연구 중 하나다. 또한 캘리코 과학자들은 세포 노화가 세포의 행동에 어떻게 영향을 끼치는지, 그리고 어떻게 노화가 시작되는지 연구하고 있다.

구글을 바라보는 불안한 시선

캘리코의 연구는 상당 부분 베일에 가려져 있다. 과제는 발표하지만 그 성과물을 정확히 공개하지는 않는다. 여타 사업 과제나 신사업 아이템이 그러한 모습을 보인다면야 '뭐 새로운 게 나오려나 보다. 뭔가 잘 안 되나 보다.' 하고 넘어가겠지만, 전문가들은 그러한 일을 하고 있는 것이 다름 아닌 구글이기에 불안한 시선을 거둬들이지 못하고 있다.

이는 단순히 연구 과정의 기술적 도전에서 오는 회의론만은 아니다. 캘리코에서 동물을 대상으로 하는 연구가 궁극적으로 인간에 대한 잠재적인 치료법으로 어떻게 변환될지에 관한 것이다. 식이요법이나 세포 노화가 건강에 영향을 끼치는 순간을 정확히 찾아내기 위해 실험용 쥐와 효모 세포를 지속적으로 모니터링하는 것이 하나의 일이지만, 연구를 인간 대상으로 전환하는 것은 훨씬 더 복잡한 일이기 때문이다.

하지만 이보다 더 큰 불안은 이 일이 인류의 질서를 바꿀 만하기 때문이다. 캘리코의 '비밀주의'는 생명 연장 기술에 대한 불안감 확산의 원인이 되고 있다. 이와 관련해 미국 인터넷 매체 〈복스VOX〉는 "세계에서 가장 크고 가장 수익성 높은 회사 중 하나인 구글이 미국 국립보건원NIH의 전체 예산과 맞먹는 금액을 노화 연구에 투입하고 있지만, 그에 대해 놀라울 정도로 알려진 내용이 없다"면서 "구글이 노화 방지 연구를 왜 그렇게 철저하게 비밀에 부치는지 아무도 이유를 알지 못한다"라고 지적했다.

아울러 구글의 연구 대상을 보면 표면적으로 이야기하는 인간 노화 방지가 아닌, 다른 꿍꿍이가 있는 것 아니냐는 불안감을 표출하는 과학자가 있는 것도 사실이다. 미국 앨버트아인슈타인 의과대학 노화연구소의 니르 바질라이Nir Barzilai 교수는 "우리 연구 분야는 노화를 늦추고, 그것을 통해 질병을 지연시키는 데 관심이 있다. 하지만 캘리코 연구원들이 하는 작업은 이와 다른 종류인 것 같다. 그들이 사용하는 효모, 선충류, 벌거숭이두더지쥐 등은 약물 개발과 관련된 모델이 아니다."라고 설명했다.

생명 연장 기술의 실현이 인류 사회에 새로운 문제를 야기할 것이란 주장도 제기된다. 이와 관련해 프랜시스 후쿠야마Francis Fukuyama 스탠퍼드대학교 교수는 최근 언론 인터뷰에서 "수명의 대폭 연장은 인류 전체에게 재앙이 될 것이다. 사회의 역동성이 심각하게 훼손될 뿐만 아니라, 6세대 이상이 함께 공존하는 사회에서는 가족에 대한 기존 관념에도 일대 변화가 일어날 수밖에 없다. 독재국가에서는 권력자의 수명이 늘어나면서 독재의 장기화도 불가피해질 것"이라고 내다봤다.

인도의 저널리스트이자 소설가 마누 조셉Manu Joseph 역시 "향후 몇

십 년 동안 인간이 영생을 얻기는 어렵겠지만 수명이 200년 이상으로 늘어날 가능성은 충분하다"면서 "그렇게 되면 일부 억만장자들은 여분의 세기를 누릴 것이지만 대부분의 사람들은 거대한 대양에서 길을 잃게 될 것"이라고 우려했다.

고통을 덜어주는 세심한 혁신

구글이 인간의 불로장생만을 염두에 두고 달려가는 듯 보이지만 그 과정이든, 아니면 그들이 미리 설정해놓은 마일스톤milestone으로서든 작고 세심한 혁신들을 계속 세상에 데뷔시키고 있다. 그중 하나가 구글 콘택트렌즈Google Contact Lens다. 자칫 구글 글래스Google Glass의 후속편쯤으로 오해할 수도 있지만, 구글 콘택트렌즈의 용도는 당뇨병 환자들의 혈당을 측정하는 것이다. 혈당 측정을 위해 침을 찔러 피를 뽑지 않아도 되는 것이 장점이다.

다른 한 가지는 리프트웨어Liftware다. 이 비범

구글이 인간 생명 연장을 꿈꾸는 한편, 생활 속의 작고 의미 있는 혁신을 이어가길 바라는 소비자들이 많다.

한 '숟가락'은 사람의 손이 떨려도 스스로 숟가락 머리의 평형을 유지하는 자율 조정 능력을 갖추고 있다. 일상생활에서 지속적이고 극심한 손떨림증으로 고통받는 많은 파킨슨병 환자들에게 구글이 내놓은 리프트웨어는 희소식이 아닐 수 없다.

구글이 풀려는 문제의 끝은 어디인가?

구글이 앞으로도 많은 사람들이 나이 들고 병드는 과정에서 감내해야 하는 고통들을 어루만질 수 있는 작고 세심한 혁신을 이어간다면 세상은 아주 따뜻해질 것임이 틀림없다. 그렇지만 자본과 데이터, 그리고 온갖 인재들이 원대한 꿈을 품고 도전하는 인간 불멸의 목표가 주는 뭔가 서늘한 기분을 떨쳐내기는 어렵다.

동서고금을 막론하고 인류가 지극히 평등하게 가진 유일한 자산은 '유한한 삶'일지 모른다. 태어난 환경과 가진 재산의 크기가 다르니 차이는 있겠지만, 그래도 지금은 수명의 차이를 '신의 뜻' 정도로 뭉뚱그려 받아들일 만한 수준일 것이다. 그러나 데이터를 가진 사람들과 자본가들이 생명 연장의 꿈을 실현하고 그 자산이 불균등하게 전파될 것이 분명하다면, 그 세상은 건강해도 불평등한, 그래서 불건전한 세상이 될 가능성이 크다. 구글이 보유한 캘리코의 강력한 과학자 팀이 풀려고 하는 문제의 끝이 어디를 향하고 있을지 기대와 불안을 함께 갖고 바라볼 수밖에 없지 않을까?

5장

데이터,
AI 연료를 선점하라 ▸

데이터 전쟁의 최전방에 서다

세상에는 가르칠 수 없는 지식이 있다. 그것은 통찰력insight이다.

에릭 슈미트, 구글 회장

산업 발전의 역사를 보면, 하드웨어 기기가 보급된 뒤 작업자의 경험 곡선과 설계 능력의 진화, 더 많은 사람들에게 보급해 시장을 넓히려는 공급자의 욕구가 맞물려 기기의 값은 지속적으로 하락해왔다. 우리에게 친숙한 반도체 산업의 역사가 그렇고, 한국의 두 반도체 거인인 삼성전자와 하이닉스는 항상 남보다 앞선 투자로 가격 경쟁력을 확보하며 경쟁사가 따라올 수 없는 단가 수준으로 시장을 선도해왔다. 아울러 스마트폰 또한 프리미엄폰이 지속적인 성장을 보이다가 하락 곡선을 나타내며 보급형 스마트폰이 확산되고 있는 여건 또한 마찬가지 맥락일 것이다. 이때 공통적으로 나타나는 현상은 하드웨어 기기의 보완재 역할을 하는 재화의 가치가 상승하고 그 품질이 높아진다는 점이다. 반도체에 담아 원하는 목적을 성취하는 알고리즘과 소프트웨어 과학자의 가치가 상승하고, 스마트폰에 구동되는 애플리케이션의 가격대와 품질 수준은 점점 더 다양해진다.

AI는 어떨까? 분명 값이 싸질 것이다. 그리고 보편화될 것이다. 아마존과 구글이 벌이고 있는 클라우드 비즈니스 전쟁은 AI 컴퓨팅과 저장에 드는 비용을 계속 바닥으로 잡아당길 것임에 분명하

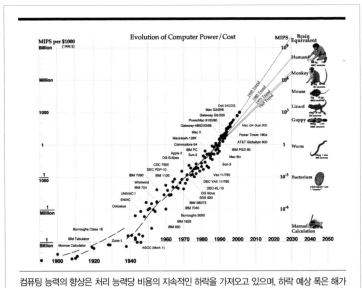

컴퓨팅 능력의 향상은 처리 능력당 비용의 지속적인 하락을 가져오고 있으며, 하락 예상 폭은 해가 갈수록 커지고 있다.

고, 보안 문제가 간간이 발목을 잡겠지만 이는 이미 거부하기 힘든 조류가 돼버렸다.

그러면 AI의 값이 떨어지는 가운데 일어나게 될 필연적인 현상으로, 그 보완재이자 연료라 할 수 있는 '데이터'의 값어치가 상승하리라는 예측이 많다. 최근 출간된 《예측 기계: 인공지능의 간단한 경제학Prediction Machines: the simple economics of AI》의 어제이 애그러월Ajay Agrawal은 이 점을 간파해 다음과 같이 역설한다.

AI는 많은 것을 약속하는 듯 보이지만, 본질은 바로 AI가 인간에게 '예측 기술'을 제공한다는 점. 그리고 AI 또한 다른 기술과 마찬가지로 결국 경제학의 문제일 수밖에 없다는 것을 깨달았다는 점. 간단한 경제 원리에 따르면, AI의 가격이 내려가면 더 많이 이용될 것이 분명하고, 그래서 AI는 우리 생활 어느 곳에서나 그 모습을 드러내기 시작할 것이고, 가격이 급락하면서 보급의 속도와 세상의 변화 폭은 크게 빨라질 것이라는 점. 예측의 비용, AI 기술의 값이 내려갈 때 올라가는 것은 없을까. 바로 보완재인 '데이터의 값'과 인간이 수행하는 '판단의 값'을 상승시킬 수밖에 없다는 것.

이미 아마존과 구글은 데이터 수집 전쟁의 최전방에 있다. 구글이 사 모으는 스타트업의 상당수가 양질의 데이터를 체계적으로 확보할 수 있는 회사에 집중돼 있다. 구글이 인수한 웨이모Waymo는 순전히 자율 주행이라는 목적성 데이터 수집에 특화된 회사였다. 구글과 아마존의 데이터 센터에서 프로세싱돼 전달되는 명령에 따라 구글의 AI 바둑 기사가 이세돌을 이기고, 아마존닷컴은 사용자에게 즉각적으로 상품 추천 폭격을 감행한다. 발등에 불이 떨어진 애플은 중국의 우버Uber 디디추싱滴滴出行, Didi Chuxing사에 지분 투자하고 지속적으로 자율 주행에 필요한 데이터를 확보하고 있다.

데이터 사업의 새로운 미래

마이크로소프트는 직접적인 데이터 수집 부문에서는 아마존이나 구글과 경쟁하기 어렵다는 생각일지 모른다. 기업의 엔터프라이즈 소프트웨어의 오랜 터줏대감이지만, 스마트폰을 위시해 B2C 부문에서 사업 영역을 구축하려는 시도는 번번이 빛을 보지 못했다. 마이크로소프트 검색엔진 빙Bing은 여전히 구글에 미치지 못하고 있는 게 사실이다. 특히나 요즘 값어치가 있는 빅데이터는 기업 내에 쌓여 있거나 같은 포맷으로 차곡차곡 쌓여가는 정형structured 빅데이

마이크로소프트는 캡슐형 해저 데이터 센터를 구축 중이다.

터가 아니라, 기업 내외부의 비정형unstructured 데이터다. 이 비정형 데이터는 누군가에 의해 포맷이 잡혀야 분석의 가치가 생겨나는데, 특이한 점은 이러한 비정형적 데이터들 대부분이 활용하려는 기업이나 개인 입장에서 보면 특정한 수집 인터페이스에 의존해야한다는 것이다. 구글의 안드로이드폰, 검색엔진, 자율 주행 데이터 수집 차량이나 아마존닷컴과 홀푸드가 그러한 통로다.

확실히 데이터 수집 자산 부문에서 차이가 나는 마이크로소프트는 어떤 생각을 하고 있을까? 클라우드 전쟁 때처럼 새롭게 부상하는 영역을 노리고 있을까, 아니면 아예 새로운 시각으로 데이터 사업을 바라보고 있을까?

언뜻 마이크로소프트는 다른 각을 세우고 있는 것으로 보인다. 어쩌면 그 누구보다도 데이터를 저비용으로 처리, 저장하겠다는 일념하에 냉각 비용이 아예 필요 없는 해저 데이터 센터를 구축 중인지도 모른다. 같은 사업에 다른 각을 세우고 미래를 준비 중인 것이다.

데이터 확보 전쟁에서 한참 뒤로 물러서 있는 후발주자들 앞에 놓인 선택지는 무엇일까? 그 답을 추측해보기 위해 잠시 시간 여행을 떠나 1960년대 비틀스Beatles의 시대로 가보자.

EMI는 비틀스 앨범 판매로 당시 천문학적인 수익을 거두게 된다. 이 수익원을 그들은 의료 영상 이미지 사업에 투자한다. 오늘날 CT 스캐너의 원조 격 사업을 추진하는 데 그들은 이미지를 사다 모으고 보다 과학적 진단이 가능한 영상 촬영 기법 개발에 돈을 쏟아붓는다. 그들이 투자한 대부분은 이른바 무형자산Intangible assets/investment으로, 진단에 필요한 판독 자료를 방대하게 수집하고, 또한 그들이 시험 촬영한 CT 이미지들 모두, 그리고 보다 나은 촬영 기법을 개발하기 위해 실험실에서 기울인 개발자들의 연구 개발 노력과 경험 곡선들 모두가 이런 무형자산이었다.

결론은 후발 주자 GE와 지멘스라는 두 거인과의 경쟁(누가 더 단기간에 많은 무형자산 투자를 통해 연구 개발의 경험 곡선에 빨리 올라타는가)에서 지게 된 EMI가 자신들이 얻은 특허 일부를 두 회사에 매

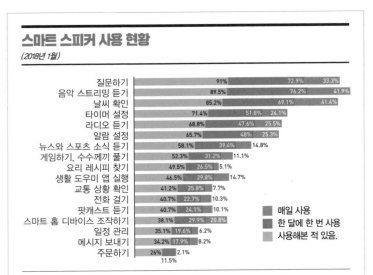

스마트 스피커 사용 현황
(2018년 1월)

	매일 사용	한 달에 한 번 사용	사용해본 적 있음
질문하기	91%	72.9%	33.3%
음악 스트리밍 듣기	89.5%	76.2%	41.9%
날씨 확인	85.2%	69.1%	41.4%
타이머 설정	71.4%	51.8%	24.1%
라디오 듣기	68.8%	47.6%	25.5%
알람 설정	65.7%	48%	25.3%
뉴스와 스포츠 소식 듣기	58.1%	39.4%	14.8%
게임하기, 수수께끼 풀기	52.3%	31.2%	11.1%
요리 레시피 찾기	49.5%	26.5%	5.1%
생활 도우미 앱 실행	46.5%	29.8%	14.7%
교통 상황 확인	41.2%	25.8%	7.7%
전화 걸기	40.7%	22.7%	10.3%
팟캐스트 듣기	40.7%	24.1%	10.1%
스마트 홈 디바이스 조작하기	38.1%	29.9%	20.8%
일정 관리	35.1%	19.6%	6.2%
메시지 보내기	34.2%	17.9%	8.2%
주문하기	26%	2.1%	11.5%

"고객님, 삶의 편의를 위해 반드시 집에 스마트 스피커를 들이셔야 합니다. 하지만 그 어떤 결과도 감수하셔야 합니다." 하는 장난스런 멘트가 떠오른다.

각하고 사업을 접는다. EMI가 이를 통해 아주 일부의 투자 수익을 회수했을 뿐, 천재 영국 청년들(비틀스)이 축복처럼 벌어준 부를 거의 다 소진하고 한동안 깊은 침체기를 겪는다.

다른 한편으로 아마존과 구글이 바라보고 있는 곳은 바로 당신의 '집'이다. 아마존 알렉사, 에코를 필두로 구글 홈 등 이제 인간의 모든 일상의 중심이며 소비의 발화점인 '집'과 그 안의 '당신'에 관한 정보를 끌어모으기 위해 스마트 스피커로 장착한 거인들이 문을 두드리고 있다.

데이터 수집 전쟁의 승자와 패자

아마존과 구글은 고도로 개인화된 정보를 모으는 데 있어서 경쟁사인 페이스북Facebook보다 더 앞서 있고 이것을 지속할 명분도 훌륭하다. 구글은 전 지구적·전 인류적 명분(의료 혁신이나 지정학적 위험의 제거 등)을 지향하며, 아마존은 '당신을 좀 더 연구해서 더 좋은 물건을 싸게 추천할게요'라는 거부할 수 없는 직접적인 가치를 던져준다. 페이스북보다 훨씬 더 노련하다고 해야 할까? 아니면 근본적으로 광고 수입을 위해 제3자에게 데이터를 모아 팔아야 한다는 숙명 때문인지 페이스북은 데이터 수집 전쟁의 명분 싸움에서 점점 열세로 밀리고 있지 않나 하는 필자 개인적인 견해다.

2018년 4월 페이스북 창립자 마크 저커버그Mark Zuckerberg는 페이스북이 직면했던 최악의 개인 정보 유출 사건으로 상원 청문회에 불려 나와 당황스러운 질문을 받았다. 대답은 청렴하고 솔직했지만 그가 운영하는 회사의 사업 모델과는 상충되는 것이었다. 질문은 "저커버그 씨, 만약 당신이 어제 누구와 어디서 저녁을 먹고 어떤 호텔을 머물렀는지를 당신이 모르는 누군가가 알고 있다면 당신의 기분은 좋을까요?" 저커버그의 대답은 다소 머뭇거리다가 "좋지 않을 것 같습니다"였다. 이 광경은 전국에 생중계됐다. 당시 청문회는 전반적으로 저커버그가 의원들의 공세를 잘 방어한 것으로 평가받은 게 사실이다. 그러나 페이스북이 끊임없이 수집하는 데이터가 정작 당사자는 모르는 제3의 광고 사업자(많은 경우 달갑지 않은 프로모션 메시지를 보내오는)에 공급되고 페이스북은 이 광고 수입에 절대적으로 의존하는 모양새가 지속되는 한 데이터 확보 전쟁에서 페이스북이 구글이나 아마존보다 더 훌륭한 명분을 가져가기는 앞으로도 어려울 것이라고 생각된다.

기술의 진보가 효용성에 대한 사람들의 회의론을 이겨낸 적은 많지만, 정치·사회적 명분을 빨리 극복해낸 사례는 많지 않다. 아마존과 구글은 이런 면에서 경험이 많고 영리하다.

6장

우주탐사,
세대를 넘는 전쟁 ▶

저비용으로 떠나는 우주여행

> 워런 버핏은 자신이 알지 못하는 산업에는 투자하지 않는다.
> 인터넷 기업은 그가 모르는 영역이다. 그러나 그 예외가 아마
> 존이다.   마이클 배트닉, 《투자 대가들의 위대한 오답 노트》 중에서

제프 베이조스에게 우주여행은 인류가 할 수 있는 일이 아니라, 반드시 해야만 하는 일이었다. 베이조스가 본인의 우주 사업에 대해 내뱉은 한마디. "나는 단계를 건너뛰는leapfrog 것을 좋아하지 않는다." 이 지구상의 사업가 중 세대를 뛰어넘는 인류의 생존 이슈를 풀어낸 자가 있었는지 잘 기억이 나지 않는다. 베이조스가 그 대열의 첫 테이프를 끊으려고 한다. 아마존닷컴이 이커머스에서 보여주는 놀랍도록 세속적이며 상업적인 노림수와는 인지 부조화를 일으키는 이 거대한 인류적 도전은 '상상력'과 '절박함'이 사업가의 '도전 정신'과 '거대 자본'을 만났을 때 이뤄낼 수 있는 일의 전형을

보여준다고 하겠다. 제
프 베이조스는 아마존
우주 프로그램Amazon Space
Program을 "수십 년간 수
천 개의 회사가 협력할
때 가능한 일"이라고 정
의한다. 화성에 사람을
보내는 것 같은 일은 본

2013년 제프 베이조스가 후원하는 바다 탐사단이 대서양에서 건져 올린 1969년 아폴로 미션에 사용된 F1 엔진의 잔해.

질이 아닌 낭비라며, 철저한 실용주의적 사고하에 비현실적 꿈을
현실로 만들어가는 그의 우주 사업의 미래를 들여다보자.

2015년 11월 미국 시애틀의 항공박물관 The Museum of Flight은 2013년
에 한 야심 찬 사업가가 대서양 밑바닥에서 44년간 잠들어 있던 오
래된 로켓 추진체를 건져 올렸으며, 그 수거물을 전시하게 됐다고
발표했다. 여기서 야심 찬 사업가는 바로 아마존의 창업자 제프 베
이조스이고, 로켓엔진은 1969년 인간의 달 착륙 임무에 쓰인 아폴
로 우주선 새턴 5호Saturn V 로켓의 일부인 F1 엔진이었다.

인간의 우주를 향한 도전의 대명사인 아폴로 미션의 잔해를 찾
기 위한 바다 탐사 활동은 베이조스의 우주 도전의 서막을 올리는
것이었다. 베이조스는 왜 이 낡은 로켓을 바다에서 건져내며 본인
의 원대한 도전을 사람들에게 각인시키려고 했을까? 그는 여느 홀

류한 비전가이자 창업자들이 그렇듯 분명한 메시지를 던지고 싶어했고, 그것은 오늘날 블루 오리진Blue Origin(제프 베이조스가 우주여행을 위해 별도 설립한 민간 우주 기업)이 추구하는 모습과 맞닿아 있다.

첫째, 우주여행 아니 더 정확히는 '우주 이주'라는 꿈이 '세대를 넘나드는' 장기 프로그램이라는 점을 알리고자 했을 것이다. 벌써 50년 전 인류는 달에 발을 디뎠지만, 그 달의 반대편 반쪽에 발을 디디는 데 딱 50년이 더 걸렸다. (더욱이 미국이 아닌 중국에 의해 이루어졌다.) 그리고 블루 오리진 홈페이지에 들어가면 '실행'을 이야기하는 그들만의 방식이 있음을 알 수 있다.

촘촘하지만 가열차게 Step by step but ferociously: 우리는 결코 어떤 경주를 하자는 게 아닙니다. … 우리 아이들을 위해 길을 닦는 일입니다. … 중간의 실행 과정을 건너뛰는 것이 우리에게 빠른 성취를 가져다줄 것이라고 믿는 것은 허상입니다. 느리다는 것은 원활하다는 것이고, 원활하다는 것이 곧 빠른 것이라고 믿습니다 Slow is smooth, and smooth is fast.

블루 오리진의 꿈은 미래에 수백만 인류가 우주에서 먹고 살며

블루 오리진사 홈페이지.

일하는 것이다. 그 꿈의 크기는 실로 어마어마하지만 블루 오리진의 홈페이지는 환상적이고 거대한 비전으로 도배돼 있지 않고 반복적이고 촘촘한 실행의 기록과 교훈들을 전하는 데 주력하고 있다.

둘째, 제프 베이조스가 F1 로켓엔진의 잔해를 통해 보여주고 싶었던 것은 그가 만들고 싶은 재사용 가능한reusable 엔진이라는 이상과의 대비점이 아니었을까? 아폴로 달 탐험 당시 활용했던 엔진은 일회용이었다. 이러한 체계로는 지구와 달 사이에 교통, 즉 오고 간다는 모빌리티의 개념이 실현될 수 없다. 더 중요하게는 인류의 우주 활동 무대가 돼야 할 그 밖의 행성들 간의 모빌리티도 마찬가지다.

천재 백만장자들의 자존심 경쟁

우주여행 분야에서 제프 베이조스 못지않은 인물이 바로 일론 머스크다. 일론 머스크 테슬라 회장의 우주 탐사 프로그램 스페이스 엑스Space X와 제프 베이조스의 블루 오리진은 설립 이래로 꾸준히 각을 세우고 있다. 스페이스 엑스가 내건 화성의 식민지화 계획에 대해 제프 베이조스는 그 시도의 효용성에 관해 정면으로 비판해 오곤 했다. 이뿐만 아니라 두 회사, 아니 두 천재 백만장자들은 사업 시작 이래 사사건건 다투며 선의(?)의 경쟁을 펼쳐가고 있다.

그들은 아폴로 우주탐사 프로그램 발사대의 임대권을 놓고 분쟁했는데, 치열한 경쟁 끝에 2013년 일론 머스크에게 권리가 돌아갔다. 우주탐사를 꿈꾸는 천재 사업가들은 인류의 달 탐사 미션의 바통을 잇는다는 상징성을 놓치고 싶지 않았을 것이다.

또 기술 특허를 놓고 신경전을 벌이기도 했다. 베이조스가 바다에 떠있는 배 위로 우주선을 착륙시킬 수 있는 기술에 대해 특허를 냈다. 그러자 일론 머스크가 2014년 이를 무효화해 버리는 데 성공했다. 법정 분쟁에서 이긴 일론 머스크는 2016년, 함상에서 우주선을 착륙시킬 수 있는 자체 기술 개발을 기어이 해내고야 만다.

또 '착륙 가능한 로켓'의 정의를 놓고 양 사는 2015년 말 트위터 상에서 설전을 벌이기도 했다. 블루 오리진의 뉴 셰퍼드 로켓이 지구 밖 궤도를 선회한 뒤 우주에 닿은 후 성공적으로 땅에 착륙했다. 그러자 스페이스 엑스는 자신들의 로켓인 그래스 호퍼가 이보다 전에(비록 우주에 닿지는 않았지만) 몇 번이고 성공적인 착륙을 경험했음을 알리면서 원조 논쟁을 촉발하기도 했다.

종전에 나사가 손에 꽉 쥐고 있던 우주 혹은 달 탐사 로켓 사업은 현재 많은 민간 거대 기업과 스타트업들에게 개방되고 있다. 그 이후 더 유연하게 또 혁신적으로 달 탐사를 바라보는 창의적인 계획들이 다양하게 시도되고 있다. 사업가의 절박함과 도전정신이 거대 자본을 만나서 만들어갈 우주여행의 다양한 수단과 방법들. 우주여행이 인류를 기다리고 있다.

우주 사업은 플랫폼 사업이다

베이조스는 '재사용 가능한' 로켓 체계를 만드는 데 심혈을 기울이고 있다. 로켓이 수직으로 이착륙을 반복할 수 있을 때 이 꿈은 가능해지고, 우주여행의 비용이 획기적으로 줄어들 수 있으며, 더 많은 사람들이 혜택을 누리게 된다. 그는 우주 사업을 시작하면서 처음부터 개발자들이 이를 염두에 두도록 강조했다. 이는 너무나 단순 명쾌한 베이조스 우주 사업의 설계 원칙design principle이 됐다. 가

만히 보고 있노라면 베이조스의 우주 사업은 그 자체가 플랫폼 사업이다. '플랫폼'의 특징이 바로 재사용 가능하고 지속 가능해서 많은 사람들이 기존보다 획기적으로 줄어든 비용으

수직 이착륙 로켓 정거장 옆에 선 제프 베이조스.

로 서비스를 경험할 수 있는 것이기 때문이다. 유통이든, 헬스케어든, 우주 사업이든 아마존이 꿈꾸는 사업에서는 항상 무언가를 관통하는 철학을 발견하게 된다.

삶의 지속성을 위한 우주탐사

할 수 있는 것, 하려고 꿈꾸었던 것을 지금 시작하라. 대담함
만 있으면 천재성과 기적과 능력은 저절로 따라온다. 괴테 Goethe

구글이 우주탐사와 같은 원대한 비전에 관심을 쏟고 있지 않다면
그것은 가짜 뉴스가 맞다. 구글은 2014년 미 항공우주국 NASA, 나사
가 보유한 비행장 하나를 60년 동안 임대하는 계약에 우리 돈으로
자그마치 1조 2,000억 원을 지불했다. 우주 발사체의 개발과 실험,
그리고 관련 인력들의 훈련을 위해서다.

사실 구글과 나사의 협업은 2006년부터 일찌감치 시작됐다. 우
주탐사에서 발생되는 다양한 상황을 가상현실에서 시뮬레이션하
는 연구 프로젝트 등이 알려져왔다. 비행장을 임대함으로써 하드
웨어를 갖추기 시작했다면, 소프트웨어는 오픈 이노베이션에 기

샌프란시스코에 위치한 옛 나사 창고. 구글이 영구 임대했다.

대왔으니 그 야망은 GLXP, 즉 구글 루나 X 프라이즈^{Google Lunar X Prize}
로 통했다. 2007년 구글은 민간의 달 탐사 성공에 커다란 상금을
내걸었다.

　일종의 경진 대회와 같은 이 프로그램은 개인 또는 민간 기관의
재정 후원을 받아 로봇 우주선을 달에 착륙시킨 다음, 1,640피트
(약 500미터)를 움직이게 하고, 고화질 사진과 비디오를 지구로 되
돌려 보내는 팀을 우승자로 시상하는 것이었다. 과제 수행 순서
에 따라 1위 팀에 상금 2,000만 달러, 2위 팀에 500만 달러, 다양
한 부문의 시상에 500만 달러 등 총 상금은 3,000만 달러로 조성
됐다.

구글 루나 X 프라이즈 홈페이지.

지금껏 전혀 시상이 없었던 것은 아니다. 반드시 달 탐사에 성공하지 않아도, 개발이나 연구 과정에서 다양한 마일스톤들을 인정해 지금까지 지출된 상금은 모두 600만 달러 이상으로 추정된다.

본래 최종 기한은 2012년 말이었지만 GLXP 주최측은 이를 몇차례 뒤로 연기했으며, 마침내 2018년 3월 31일 마감했다. 하지만 결국 우승자는 없다는 좀 허망한 결론이 났다.

현재 루나 X 프라이즈는 여러 가지 미래 방향을 모색하고 있다. 구글을 설득해 참가 기업들에게 상금을 배분하거나, 루나 X 프라이즈를 계속해서 팀을 추적하고 홍보하고 성과를 축하하는 비영리

대회로서, 구글이 아닌 새로운 타이틀 스폰서를 찾는 것 등이 고려되고 있다.

그동안 루나 X 프라이즈에 도전한 민간 우주탐사 기업들의 면면을 살펴보는 것은 의미가 있다. 여기에는 이스라엘 최초로 민간 우주탐사선을 달에 착륙시키고 말겠다는 스페이스IL SpaceIL 에서부터 달을 자원 채굴의 대상으로 보고 접근하는 일본의 아이스페이스 iSpace 등도 속하며, 인간이 과학을 통해 달에 접근하려는 다양한 철학과 만나게 된다.

우주에서 약속의 땅을 찾는 이스라엘

구글 루나 X 프라이즈의 상금은 주인을 못 찾았지만, 10여 년간의 노력은 전 세계 많은 민간 우주탐사 기업에 훌륭한 동력이 돼왔다. 이스라엘의 비영리 우주 기술 개발 단체 '스페이스IL'도 달 탐사를 위한 무인 우주선을 쏘아 올릴 계획이다.

비록 그들의 시도가 단번에 성공하지 못해도, 이스라엘은 달에 우주선을 착륙시킨 4번째 국가로 우뚝 서려고 한다. 더욱이 민간 기업으로서는 전 세계 최초가 되는 것을 목표로 한다. 젖과 꿀이

비영리 우주 기술 개발 단체 스페이스IL 홈페이지.

흐르는 약속의 땅을 찾아 지켜내려던 이스라엘의 꿈은 이제 달을
향하고 있다.

일본이
달에서 물을 찾는 이유

물은 생명의 근원이다. 그러나 가끔 달을 촬영한 나사의 우주선에
서 달에 물이 있었던 흔적을 찾았을 때 열광하는 이유는 비단 외계
에 생명체가 존재할지 모른다는 신비로움이나 조물주에 대한 경외

아이스페이스 홈페이지.

감에 머물지 않는다. 물은 산소와 수소로 구성되는데, 이 두 물질은 로켓의 추진 연료에 필요한 주요 원재료다. 만약 달에서 물을 얻을 수 있다면 달 탐사를 떠날 때 지구로 귀환하는 데 필요한 연료까지 채우고 출발할 필요가 없다. 아니, 한발 더 나아가 달은 머나먼 우주여행의 중간 연료 보급소로의 기능을 할 수 있고, 인류의 우주 항행 거리는 획기적으로 늘어날 수 있다.

구글 루나 X 프라이즈에 참여하고 있는 일본 하쿠토Hakuto 팀은 일본의 민간 우주탐사 기업인 '아이스페이스'의 일원으로, 달의 자원 채굴을 목적으로 한다. 이들은 지금까지 약 900억 원의 투자를 독자적으로 유치하기도 했다. 구글 프로젝트에 참여하는 것은 그들 입장에서는 또 다른 오픈 이노베이션인 셈이다.

이 회사가 갖는 차별점은 마이크로 로보틱스 분야에 집중한다는 것이다. 단순히 추진체를 통해 달에 우주선을 보내는 것에 머무르지 않고, 달의 물 자원을 탐지하고 채굴해내는 '생산' 능력을 갖추는 데 중점을 두고 있는 것이다. 일본의 산업 역사는 언제나 서양이 개발한 기술을 가장 영리하고도 효율적으로 활용하는 데 탁월하다는 것을 증명해왔다. 로봇 기술을 우주 공간에서, 일본은 인간의 조작 없이 미세하게 조정해 생산성을 내는 데 본인들 우주 산업의 미래를 걸고 있으며, 만약 이를 해낸다면 일본은 미래의 우주 산업에 '뿌리'를 캐고 있는 것과 다름없을 터다.

비단 이는 아이스페이스만 탐내는 영역은 아닐 것이다. 보스턴 다이내믹스 등 굵직한 로봇 기업들을 인수해 몸집을 키워가고 있는 구글의 로봇 사업은 이미 그 주요한 용처로 달에 있는 자원의 탐사와 채굴을 향하고 있다. 1조 2,000억 원을 들여 임차한 샌프란시스코의 나사 창고에 투자한 목적성 중 하나를 구글은 당당히 로보틱스Robotics라고 밝히고 있다.

아마존이 블루 오리진을 통해 인간의 우주여행을 저비용으로 보급하는 데 집중하고 있다면, 구글은 그 안에서 삶의 지속성을 바라다보고 있다. 아마존과 구글, 두 거인의 보이지 않는 미래 전쟁의 무대는 이미 미시적으로 인간의 시야를 벗어나 있다. 알고리즘, 데이터, 클라우드…. 이제 그 전장은 우주로 확장된다. 하지만 그들 모두 '만만디manmandi, 慢慢的' 철학을 가지고 있다. 큰 꿈을 가진 이는 그만큼의 차근차근한 실행의 끈기와 크기를 담보해야 함을 아는 프로들의 모습이 아닐까 한다.

2

성공은 형편없는 선생님이다.
그것은 똑똑한 사람들로 하여금
절대 패할 수 없다고 착각하게 만든다.
빌 게이츠, 마이크로소프트 공동 창업자

퍼스트 무배는 나다

7장

룬, 풍선에 담은
미래 생존 프로젝트 ▶

프로젝트 룬,
전 지구적 인터넷 보급의 꿈

많은 회사들이 이미 이룬 것에 만족한다. 기술의 세계에서 이런 유형의 작고 점진적인 성과들을 늘어놓고 뒤돌아보면, 스토리와 정합성이 없음을 발견하게 된다. 왜냐하면… 진정한 변화란 본래 진화적evolutionary이기보다는 혁명적revolutionary인 것이기 때문이다.

래리 페이지Larry Page, 구글 공동 창업자이자 현 구글 알파벳 CEO

룬Loon의 어원을 보면 '날다'와 '제정신이 아니다'라는 뜻을 모두 담고 있다. 단, 여기서 프로젝트 룬Project Loon의 진실성을 논하기 이전에 가짜 뉴스처럼 들릴 이야기에 관해 팩트 체크를 해보자. 현재 전 세계에 약 43억 명의 인구가 인터넷 서비스 혜택을 받지 못하고 있다면 믿어지는가? 하지만 엄연한 사실이다.

지구에 사는 사람들 대부분이 지상의 휴대전화 기지국의 힘이 닿지 못하는 곳에 있다. 이유는 통신사가 기지국을 세울 만큼의 경제성을 확인하지 못했기 때문이다. 구글의 프로젝트 룬은 헬륨 풍선을 통해 하늘에서 인터넷 서비스를 위한 빔beam을 내려보내는 방

식으로 이 문제를 해결
하려 한다. 이 프로젝
트를 보고 있자면 단순
히 인터넷 서비스가 아
니라 교육과 경제적 기
회의 보급이라는 계몽

전 지구적 인터넷 보급의 꿈을 담은 구글의 프로젝트 룬.

운동enlightenment급 철학을
토대로 움직이는 사업이라 할 만하다.

구글은 지름 15미터에 달하는 거대한 흰색 호박을 닮은 풍선을
헬륨의 힘을 빌려 지금까지 수백 개 하늘로 날려 보냈다. 이 중 수
십 개가 고도 20킬로미터의 성층권, 즉 일반 상업용 여객기의 항로
로부터 고도가 딱 2배 높은 층에서 움직이고 있다. 이 풍선은 태양
열로 작동하는 전자장치를 장착하고서 지상의 휴대전화 통신 기지
국과 라디오 통신을 해 지상의 스마트폰과 통신기기를 향해 초고
속 셀룰러 인터넷 서비스를 중개 및 송신하는 기능을 한다.

통신 분야에 종사하는 사람들에게 이 이야기는 머릿속에 묘한
기시감(데자뷔)을 피어오르게 할 것이다. 바로 이리듐 사업이다.
2000년대 초반 거대 통신사들은 이리듐 통신 사업에 뛰어들었다.
작은 마을에 통신 기지국을 세우는 비용보다 전 세계를 위성통신
으로 연결하면 돈 많은 사람들은 통신 공백telecommunications vacuum을 메

꾸기 위해, 또 어떤 보통 사람들은 삶에 너무나 필요해서 비싼 돈을 주고라도 위성 전화를 쓸 것이라고 판단했다. 결과는 참담한 실패였다. 통신 장비의 보급 속도는 늘어나고 단위당 보급 비용은 기하급수적으로 떨어졌지만, 이리듐 프로젝트는 출범 12년 전의 사업 계획의 가정을 고치지 않은 채 그대로 사업화로 내달렸다. 그 결과는 총 10조 원 정도의 투자금을 고스란히 날린 것이다.

이리듐과 비교하면 구글의 풍선 프로젝트는 얼핏 소박해 보이지만 그 파일럿 결과가 사람들에게 전달되는 모습은 더 피부에 와닿는다. 브라질 북동부 시골 지역의 학교 교장 실바나 페레이라Silvana Pereira는 테스트 파일럿 대상으로 선정돼 프로젝트 룬의 혜택을 본 소회를 다음과 같이 밝혔다.

"몇 분의 시간이었지만 훌륭했습니다." 그녀는 보이지 않는 빔을 지상에 계속 공급해주는 룬 풍선 덕분에 학생들이 지리학 수업에 인터넷을 활용할 수 있었다고 말했다.

이 지역에는 인터넷 서비스가 존재하지 않지만 그날 수업은 위키

Linoca Gaoyso Categlo Branco 학교 학생들이 룬 풍선이 제공하는 인터넷 빔 수신을 위해 구글러들이 설치하는 안테나를 바라보고 있다. 사다리를 받치고 있는 사람이 교장인 실바나 페레이라다.

피디아와 온라인 지도를 십분 활용할 수 있었다. 그녀의 학교는 인구 100만 명 이상의 대도시에서 약 100킬로미터밖에 떨어져 있지 않지만, 브라질의 무선통신 사업자가 인터넷 인프라에 투자하기에는 너무 가난하고 인구밀도가 낮았던 것이다.

인터넷 보급을
획기적으로 늘려야 하는 이유

구글은 왜 이렇게 박애주의자로 보일 정도의 큰 프로젝트를 실행에 옮기고 있을까? 구글은 페이스북과 함께 전 세계 광고 지출의 25퍼센트, 온라인 광고 지출의 61퍼센트를 수입으로 챙기고 있다. 실로 엄청난 시장 지배력이다. 만약 유엔에 전 지구적인 반독점 규제 기구가 있었다면 이들 회사의 CEO들은 늘 청문회에 불려 다니고 있었을 것이다.

그러나 이러한 시장 지배력에 자족하고 있다면 '구글'이라 불릴 자격이 없다. 구글은 오히려 위기의식을 느끼고 있다. 구글의 가장 큰 성장 동력인 인터넷 광고시장이 적어도 가입자 측면에서 보면 포화 상태에 이르고 있기 때문이다. 시장의 크기는 분명 커지는데, 실제 사용자의 수는 충분히 늘지 않고 있다면? 한 가지 예로 점점

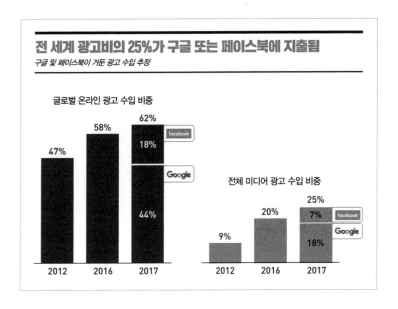

전 세계 광고비의 25%가 구글 또는 페이스북에 지출됨

구글 및 페이스북이 거둔 광고 수입 추정

글로벌 온라인 광고 수입 비중

전체 미디어 광고 수입 비중

더 각광받는 광고 미디어 형태로 자리 잡은 디지털 비디오 시청자 수를 예측한 한 시장 조사 기관의 보고서를 보자. 2022년까지 연평균 사용자 수 증가율이 고작 2.0퍼센트 내외다.

구글의 매출에서 인터넷 광고 수입이 차지하는 비중은 무려 88퍼센트다. (더 심한 공룡은 페이스북으로 그 비중이 97퍼센트다.) 시장의 판을 키우지 못한다면, 자칫 그들의 기업 실적, 나아가 생존 자체가 위태로워질 수 있다는 위협감을 느끼고 있는 것이 사실이다.

여기서 온라인 광고시장의 미래에 대한 몇 가지 가설을 짚어보면, 왜 구글이 인터넷 사용자를 획기적으로 늘리는 일에 투자하고

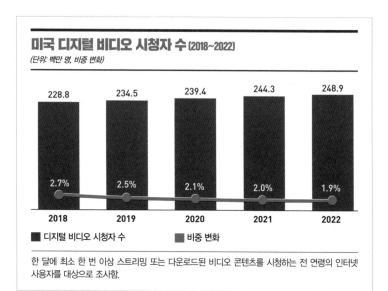

미국 디지털 비디오 시청자 수 (2018~2022)
(단위: 백만 명, 비중 변화)

	2018	2019	2020	2021	2022
디지털 비디오 시청자 수	228.8	234.5	239.4	244.3	248.9
비중 변화	2.7%	2.5%	2.1%	2.0%	1.9%

■ 디지털 비디오 시청자 수   ■ 비중 변화

한 달에 최소 한 번 이상 스트리밍 또는 다운로드된 비디오 콘텐츠를 시청하는 전 연령의 인터넷 사용자를 대상으로 조사함.

있는지 알 수 있다.

첫째, 인터넷 광고시장은 수요와 공급이 동시에 창출되는 고유의 성격이 있다. 즉, 광고주 입장에서 필요한 것은 새로운 타깃 고객이고, 그 고객은 인터넷 세상에 편입되는 즉시 광고 지면을 공급하기 시작한다. 페이스북이나 구글에 만든 계정에 따라붙는 많은 페이지들이 광고 지면을 새로 공급하게 되는 것이다. 그런데 구글이나 페이스북의 가입자 증가 추이는 꺾인 지가 이미 한참이다. 그 이유를 두 회사의 인기가 시들해져서라기보다는 현재 전 세계에서 인터넷을 쓸 수 있는 사람의 규모가 제한돼 있기 때문이라고 보는 것이 바로 구글의 시각이다. 완전히 새로운 고객을 광고주가 원하는 타깃 고객이자 지면을 제공할 공급자로 포섭하지 않고서는 인터넷 광고 수입의 의미 있는 성장은 어렵다고 보는 것이다.

실제로 지금의 사용자 베이스로 볼 때 미래 광고시장의 크기가 과대 예측 또는 포장되고 있다는 지적은 꾸준하다. 영국의 경제 전문지 〈이코노미스트 The Economist〉는 2018년 1월 미국의 광고시장에 관해 재미있는 분석 기사를 실었다. 요점은 "현재 주식시장에서 인터넷 광고 수입에 큰 희망의 축을 두고 있는 회사들의 주가는 모두 과대평가돼 있다"라는 것이다. 논리는 단순히 "미국 테크 주식시장이 과열돼 있다"가 아닌 "인터넷 광고시장의 크기를 볼 때, 단순 산수로도 말이 안 된다"는 것이다. 마이크로소프트의 링크트인 Linkedin 인수, 스냅챗 Snapchat 주식 평가액의 고공 행진, AT&T와 타임워너 Time Warner의 합병이 노리는 통신 고객 데이터와 TV 광고의 시너지 창출 등이 모두 고객 베이스가 가진 광고 수입의 잠재력으로 포장돼 있다. 실제로 이러한 잠재력이 실현되려면, 2017년 현재 미국 전체 GDP의 1퍼센트를 차지하고 있는 광고시장은 2027년까지 1.8퍼센트로 상승해줘야 한다. 하지만 난센스에 가깝다는 것이 전문가들의 평가다. 왜냐하면 기업이 광고 예산을 10년 뒤에 80퍼센트 늘리는 것은 어마어마한 일이기 때문이다. 이 정도라면 기업의 자본이익률은 말도 못하는 수준으로 곤두박질칠 것이기 때문에 절대 기업들이 이 정도의 광고 지출 증액을 선택할 리 없다는 것이다. 더욱이 광고시장에 새로 진입하는 타깃 고객 수가 늘어나지 않는 상황이라면 기업 입장에서는 예산 증액의 유인을 느끼기 힘들 것이기 때문이다. 미국 인터넷 광고시장은 충분히 포화된 상태라는 것이 중론이다.

둘째, 단순히 타깃 고객의 수가 늘어나는 것이 중요한 게 아니라, 그 고객의 질quality이 중요하다고 보는 것이다. 이미 인터넷 광고에 오염돼 있는 구글, 페이스북 사용자들은 이제 웬만한 광고들은 차단해버린다. 광고를 원천적으로 차단하는 소프트웨어의 채택이 늘고 있으며, 실제로 페이스북은 2018년 1월부터 매우 주기적으로 "고객들에게 노출되는 광고의 수를 줄이겠다"라는 의지를 노골적으로 표명하고 있다. 이제 1세대 인터넷 플랫폼 고객들은 이른바 '낚일' 확률이 낮은 매우 분별력 있는 고객으로 성숙했다고 봐야 한다. 그러나 앞으로 인터넷의 세계에 처음 편입될 43억 명의 인구는 그래도 이들보다는 더 순수(?)하고 광고에 열린 마음일 것이므로 광고주의 광고 성공률hit ratio 측면에서 우수한 집단이라고 기대하는 것이다.

박애주의인가, 절박함인가

다시 '날아다니는 미치광이' 프로젝트(프로젝트 룬)가 만들어갈 협업 체계와 생태계를 엿볼 차례다. 프로젝트 룬은 이제 과학 프로젝트와 훨씬 비슷하다. 2013년에 구글은 풍선 제조업체 레이븐Raven, 에어로스타Aerostar와 협력하기 시작했다. 레이븐과 에어로스타는 공장을 확장하고 풍선을 위한 풍선 '봉투'를 만들기 위해 다른 회사를 열었다. 그해 6월 구글은 프로젝트의 존재를 밝히고, 룬 풍선이 뉴질랜드 농촌 지역 사람들에게 인터넷 서비스를 제공한 첫 번째 소규모 현장 실험을 기술했다. 2014년에 프로젝트 룬은 기능적이지만 다루기 힘든 프로토타입을 세계 통신 네트워크를 확장할 준비가 된 기술로 전환하는 데 주력했다.

여기서 더 주목해야 할 것은 통신사와의 관계 설정이다. 최초에 룬의 프로젝트 리더는 무선 스펙트럼에서 구글이 직접 일정 밴드를 구입해 풍선이 기존 무선 네트워크와 독립적으로 작동할 수 있도록 계획했다. 그러나 구글의 CEO 래리 페이지는 더욱 영리하고 확장 가능한 아이디어로 사업 모델을 만들어가고 있다. 스펙트럼 대역을 구글이 통신사와 경쟁해서 구매하지 않고, 대신 무선통신 사업자에게 풍선을 임대해야 한다고 주장했다. 무선통신 사업자는 이미 보유하고 있는 공중파 관련 시설을 그대로 활용하면서 풍선을 네트워크에 연결하기 위한 지상 안테나를 설치할 수 있다. 이로써 구글은 스펙트럼 라이선스에 수십억 달러를 소비하지 않고 잠재적인 경쟁 업체를 동맹국으로 만들었다는 평가를 받는다.

"우리와 이야기하는 거의 모든 통신사가 이를 원합니다."

풍선을 띄워 올리는 구글 직원들의 머릿속에는 세상을 좀 더 살기 좋게 만들어야 한다는 일념과 앞으로 줄어들기만 할 광고시장 밭을 지금부터 갈지 않으면 번영은 없다는 절박함이 모두 스쳐 지나가고 있지 않을까? 거기에 기존의 거대 사업자를 적이 아닌 동지로 만드는 영리한 생태계 운용 스킬까지 준비돼 있다.

8장

직소, 지정학적 문제에 뛰어든 구글

직소, 전 세계
인터넷 경찰의 등장

출시 시점에 그 제품이 서툴고 창피하지 않다면, 그것은 이미
늦은 것이다.

리드 호프먼Reid Hoffman, 링크트인 설립자

구글의 직소^{Jigsaw}는 아직 독립된 사업체라기보다는 구글 내에서만
작동하는 프로젝트의 성격이 짙다. 2016년 2월 구글 회장 에릭 슈
미트는 기존 구글의 싱크 탱크인 구글 아이디어스^{Google Ideas}를 '직
소'라는 이름으로 활동을 확대, 개편한다고 밝혔다. "이 팀의 임무
는 폭력적인 극단주의에 대응하는 것에서 온라인 검열을 방해하는
것, 디지털 공격과 관련된 위협을 완화하는 것에 이르기까지 가장
어려운 지정학적^{geopolitics} 문제를 해결하는 데 기술을 활용하는 것"
이라는 설명이 뒤따랐다.

5년 전 구글은 사내 싱크 탱크로 구글 아이디어스를 창안해 50

억 명의 온라인 유저들
에게 기술이 도움이 될
수 있는 방법을 모색해
왔다. 최근 인터넷 사용
자 중 많은 사람들이 검
열, 부패 또는 폭력이
일상이 돼버린 현실 속

구글은 해킹이나 검열, 유해한 이념의 전파 도구로 인터넷이 오
염되는 것을 경계한다.

에서 온라인에 접속하고 있다.

구글은 수년 동안 엔지니어, 프로덕트 매니저 및 연구 과학자
를 고용해 이러한 타깃 고객들을 염두에 두고 프로젝트를 진행해
왔다. 팀의 현재 제품 중 상당수는 구글의 컴퓨팅 인프라를 사용해
디도스Distributed Denial-of-Service, DDoS 공격으로부터 독립적인 음성을 보호
하는 프로젝트 실드Project Shield를 비롯해 정보에 대한 액세스를 보호
하는 것을 목표로 한다. 사람들에게 자유롭고 개방된 인터넷에 대
한 액세스를 공유할 수 있게 해주는 유프록시uProxy와 같은 오픈 소
스가 좋은 예다. 피싱phishing으로부터 보호하는 데 도움이 되는 암호
경보Password Alert 팀의 다른 이니셔티브 중 일부는 돈세탁, 조직범죄,
경찰의 폭력성, 인신매매 및 테러에 대응하는 것을 목표로 한다.

싱크 탱크의 뿌리에 충실한 이 팀은 실시간으로 세계 최고의 디
지털 공격을 표시하는 디지털 공격 맵Digital Attack Map과 글로벌 무기

체계를 가시화하는 글로벌 무기 시각화와 같은 데이터 시각화를 사용해 글로벌 과제를 탐구하고 있다. 현재 팀 연구 중 일부는 증오와 괴롭힘을 실질적으로 줄이는 것을 목표로 하는 것도 있다.

구글은 결코 평범하기를 원치 않는 회사다. 항상 이익 중심의 기업 동기에 머무르지 않고 야심 차고 이타적인 목표를 가진 조직이길 원한다. 이 사고방식의 가장 강력한 지표 중 하나가 '지정학적 도전 과제'에 맞서기 위해 알파벳Alphabet에 대한 회사의 개편과 함께 출범한 테크 인큐베이터 '직소'다.

즉 구글은 이제 공개적으로 국제 문제에 영향력을 행사하려고 하는 것이다. 이렇게 담대해 보이는 시도에는 분명 연원이 있다. 2010년경 구글은 유튜브YouTube 때문에 골머리를 썩고 있었다. 과격한 설교자로부터 유튜브 동영상 플랫폼을 보호하는 방법, 중국 같은 국가에서 정부의 검열 노력에 계속 협력할지 여부 등 사업 전반에 걸쳐 많은 심오한 윤리적 문제에 직면했다.

그래서 직소의 전신인 구글 아이디어스는 지정학과 기술 간의 관계에 대해 적극적으로 생각하는 것을 목표로 만들어졌다. 본인들이 부닥친 문제가 어느 한순간의 의사 결정 등으로 끝날 수 있는 게 아님을 인식한 것이다. 그 결과 직소의 초대 사장이자 전직 미국무부 직원 자레드 코헨Jared Cohen이 구글의 에릭 슈미트 회장과 의기투합하게 됐다.

자유에 대한 침해를 거부한다

직소가 만드는 제품 중 하나는 인권 활동가, 선거 모니터 및 사이버 공격에서 보호받는 독립적인 뉴스 조직을 제공하는 프로젝트 실드다. (현재 프로젝트 실드 사용자의 대다수는 독립적인 뉴스 아웃렛들이다.) 다른 제품에는 실시간 대화형 글로벌 사이버 공격 맵과 전쟁 지역에서의 폭력 사건에 대한 법의학 비디오 분석 도구가 포함돼 있다. 인베스티게이티브 대시보드investigative dashboard는 기자들이 비즈니스 데이터베이스를 검색해 부패와 돈세탁을 보다 쉽게 조사할 수 있게 도와준다. 리디렉션redirection 방식은 젊은이들이 온라인에서 급진적으로 변해가는 것을 막기 위해 시도한 새로운 도구다. 일반적으로 이슬람 과격주의와 관련된 콘텐츠 및 검색과 함께 비디오를 유포하고 스폰서 광고를 게재하는 조직적인 움직임에 대항한다.

　프로젝트는 다양하지만 직소는 몇 가지 핵심 가치에서부터 시작한다. 간단히 말해, 직소는 인터넷에 대한 보편적인 접근의 가치를 믿는다. 개인이 스스로 알리고 자유롭게 말할 수 있는 능력에 큰 가치를 부여하며 정부 검열에 반대하는 일관된 자세를 견지한다. 또한 정부 기관이나 상대편이 웹 사이트를 사용하지 못하게 해서 언론인을 침묵시키려는 DDoS 공격을 인터넷 기능의 큰 '버그'

로 보고 있다. 직소는 이처럼 자유에 대한 침해를 거부하는 정치학적으로 고전적인 자유주의의 형태를 구현한다. 대체로 20세기 자유주의는 교육과 의료와 같은 기본 요소를 통해 확보된 자유의지에 따라 행동할 수 있는 긍정적인 자유에 관심이 있었지만 19세기 고전적 자유주의는 자유가 침해되지 않게 보호하는 데 중점을 두었기 때문이다.

구글이 표방하는
이데올로기는 무엇인가

빌 게이츠Bill Gates가 만든 게이츠 재단Gates Foundation과 달리 직소는 가난과 질병 퇴치 같은 적극적 자유 문제*를 다루지 않는다. 구글(지금의 알파벳)은 인터넷 회사로, 결국 그들은 탄소 배출이나 질병 전파보다 정보 흐름의 문제를 해결할 수 있는 더 좋은 위치에 있다.

그러나 불안한 시선도 없지 않다. 일부 비평가들은 19세기 이데올로기 제국주의가 사실은 직소 철학의 뿌리가 아닌가 의심한다.

★ 보통 인간의 자유는 정치·사회학적으로 2가지로 대별된다. 첫째, 적극적 자유는 보통 결핍에서의 자유를 뜻하는데, 사람들에게 부의 재분배나 생산도구를 안기는 것으로 풀린다. 하지만 둘째, 개인사에 관한 침해 도구를 없애는 최소한의 기본적 자유는 인위적으로 가해진 제도와 위력을 제거하는 것으로 해결된다.

제국주의 사고방식에 따라 강력한 인물은 새로운 영역에 들어가 침략자들에게 전례 없는 개인의 자유를 부여하는 대신 원지배 주민의 권리를 박탈하는 새로운 인종적·사회적 계층 구조를 강요한다. 직소가 주로 상업적 이익(모회사의 새로운 시장 확보)을 위해 무료 인터넷의 보급을 촉진하거나 단순하게 강력한 (서구의, 자본주의 국가인 영국계 미국인의) 가치를 홍보하거나 둘 중 하나로 귀결되리라고 보는 것이다.

그렇다면 이들이 주입할 새로운 가치는 무엇일까? 1995년 사회 이론가 리처드 바브룩Richard Barbrook과 앤디 캐머런Andy Cameron은 "캘리포니아의 이데올로기"를 이야기한 적이 있다. 그들은 웨스트코스트의 히피족 문화와 기술 산업을 결합해 "새로운 정보 기술의 해방 가능성에 대한 깊은 믿음"을 만들어내는 실리콘밸리의 모습을 그려냈다. 풀뿌리 네트워크의 자치 능력에 대한 강한 믿음, 그리고 그 결과로 실리콘밸리는 전통적인 국가 권력에 대해 적대적인 경향이 있었다. 20년 뒤 이 이데올로기의 강한 믿음이 직소에 스며들었다고 보는 평론가들이 있다.

구글이 표방하는 '인터넷 세상의 중립성'을 사업의 가치로 삼는다는 것은 상호 모순적이기 쉽다. 직소는 정치적으로 중립을 지키기를 원하지만 실제 정치의 지저분한 사업에 종사하는 활동가와 언론인을 지원해 영향력을 행사하기를 원한다. 이 제품이 작동하면 그 여파와 비난의 정도를 가늠하기 어려운 게 사실이다. 예를 들어 정권의 비평가가 온라인에 메시지를 전파해 권력의 지역 균형을 바꿔 폭력적인 불안을 조장할 수도 있는 것이다.

직소가 만들어낼 많은 제품들은 분명 사람들의 이해관계와 해석에 따라 서툴기 짝이 없는 미완의 모습으로 등장할 것이다. 원천적으로 이데올로기를 담고 있기 때문이다. 직소가 표방하는 무언가가 고전적 자유주의이건 캘리포니아 문화이건 간에 그것이 사람들에게 도움이 되도록 만드는 핵심은 '절차상의 중립성'을 신봉하는 데 있다고 여겨진다.

무엇인가를 믿을 때 결과물을 만들고 해석하는 것은 사용자의 몫이다. 인터넷이라는 정보 교류의 플랫폼을 오염과 인위적 조작에서 지켜내는 '전 세계의 인터넷 경찰' 역할을 공정히 수행한다면 구글은 칭송받을 것이다.

9장

아마존은행, 아마존 셀러들의 자금줄

이제 아마존에서 돈을 빌린다

아마도 우리는 신용카드 또는 체크카드라는 용어를 사용하는
마지막 세대일 것이다. … 이제는 신용 액세스Credit Access 또는
체크 액세스Debit Access라는 용어가 어울릴 테고, 그것은 모바일
기기에 업로드되어 사용될 것이다.

존 스텀프John Stumpf, 웰스파고Wells Fargo은행 은행장(2015년)

우리에게 익숙한 아마존의 온라인 유통업이 제대로 돌아가는 뒷배
경에는 금융업이 있다. 원 클릭 쇼핑이나 빠른 배송, 마력의 추천
엔진도 해결해주지 못하는 것이 아마존 플랫폼에 물건을 대는 셀
러Seller들의 자금 사정이다. 이커머스의 특성상 상품 자체의 차별화
가 오래가기란 쉽지 않다. 기능이든 가격이든 금세 그 정보는 공유
되고, 좀 된다 싶으면 어느새 비슷한 제품이 더 싼 가격에 높은 추
천 순위를 차지하고 올라오는 게 현실이다. 그러니 물건이 팔릴 때
빨리 물건을 더 공급해야 돈을 번다. 시간 싸움이다. 셀러들에게
시간 싸움은 곧 자금력을 뜻한다. 본인이 직접 만든 것이든, 해외

에서 수입해 온 것이든 빨리 재고 자산에 투자해 공급 물량을 확보해야 한다. 이와 같이 셀러들의 애로점 pain point을 구조적으로 파고들어 사업화까지 성공시킨 것이 아마존의 셀러 금융 Seller Financing 사업이다. 간단히 말해 셀러들이 아마존에 팔 물건을 확보하는 데 필요한 자금을 융자해주고, 셀러로부터 그 물건을 판 수입에서 원금과 이자를 안정적으로 회수하는 구조다.

그럼 왜 셀러들은 일반 은행에서 돈을 빌리지 않고 아마존에서 융자를 받을까? 답은 간단하다. 은행들은 온라인에 납품하는 영세 도매 사업자들에게 호의적이지 않다. 온라인에 물건을 유통시켜 돈을 버는 사업자는 (지금도 여전히 많은 비중이) 자기 점포를 낼 만한 재력과 안정성이 떨어지는 사업자로 보는 것이 전통적 시각이기 때문이다. 점포가 없다는 것은 곧 은행 입장에서는 '담보'로 잡을 것이 없다는 의미다. 하지만 역설적으로 아마존은 바로 이러한 소규모 셀러들을 세상에 데뷔시키며 소비자들에게 롱테일 커머스의 세상을 열어주며 폭발적으로 성장했다. 전통적인 금융업의 시각에서 봤을 때 위험성 높은 공급자 집단을 제대로 플랫폼으로 끌어들이려면 그들에게 자금력을 확보할 수단을 제공해야 했던 것이다.

닭이 먼저인지 달걀이 먼저인지는 추측하기 어렵다. 온라인 유통을 하다 보니 셀러들의 자금 사정이 아마존 성장의 걸림돌로 작용한다고 깨달았을 수도 있고, 반대로 처음부터 면밀한 계획이 있

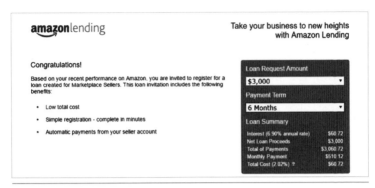

셀러들의 애로점을 파고들어 성공한 아마존 셀러 금융.

었을 수도 있다. 하지만 이보다 더 중요한 것은 이 구조가 플랫폼 상에 엄청난 선순환 구조를 만들어왔고, 또 연관 생태계를 만들고 있음과 동시에 쏠쏠한 수입원으로 자리 잡고 있다는 점이다.

실제로 정통의 아마존 셀러 금융은 셀러들이 가지고 있는 재고를 담보로 잡는다. 이른바 '재고 동산 담보'인데, 사실 이러한 동산 담보 금융을 하려면 가치 평가의 노하우는 물론 물류 설비 등의 인프라가 단단해야 한다. 실제 아마존 효과로 인해 재고 없이도 아마존 셀러들에게 자금을 융자해주는 사업자들이 생겨난 지 오래이며, 아마존도 반드시 재고를 담보로만 금융을 지원하지는 않는다. 이들은 아마존에서 해당 셀러의 월 판매 실적에 관한 정보와 아마존의 확인·증빙 등이 있다면 자금을 융자해준다.

사실 이와 같은 셀러 금융은 온라인 유통 시대 이전에도 어느 나

아마존 셀러 전용 금융 서비스를 제공하는 '아마존 밖의' 사업자들이 생겨나고 있다.

라에서나 이른바 '사채'시장의 영역에 오랫동안 뿌리내려온 형태다. 그러나 온라인 유통 시대가 되면서 해당 셀러의 판매량이나 품평 등 실제 사업 성과가 투명하게 드러나는 기폭제가 마련됐다. 아울러 대형 유통 플랫폼의 등장은 판매의 지속성과 결국 판매가 되고 난 다음 해당 플랫폼이 셀러에게 돌려줄 정산금 지급 구조의 안정성에 대한 믿음을 제공하게 된 것이다.

거대 유통 플랫폼 사업자를 넘어
데이터 사업자로

아마존의 셀러 금융 사업은 사실 시중 은행과 묘한 긴장 관계를 불러 일으키고 있다. 오랜 기간 동안 일반 은행들에게(특히 한국의 시중 은행들에게) 온라인 유통 뒤편에 있는 셀러들은 '계륵'과도 같은 존재였다. 온라인 유통이 성장하니 분명히 유망하지만, 그 규모가 영세하다는 점과 더불어 오프라인상에 점포 같은 실물 자산이 많지 않아 담보 평가 또는 신용 평가가 어렵다는 이유 때문이다.

그러나 거대 유통 플랫폼이 미들맨으로 등장한 세상에서 이야기는 달라진다. 은행 입장에서는 이들의 판매 실적 등의 사업 성과를 검증해줄, 또는 계속 끌고 가줄 믿을 만한 중간 보스가 하나 생긴 셈이기 때문이다. 바로 이 대목에서 거대 유통 플랫폼 사업자인 아마존은 다양한 선택지를 손에 쥔다. 하나, 은행을 배격하고 자신이 굴릴 수 있는 자금으로 모든 이자 마진을 취한다. 둘, 은행을 전주錢主이자 고도화된 신용 평가자로서 초대할 수 있다. 은행이 공급할 수 있는 자금 규모는 마르지 않는 샘물 수준이므로, 플랫폼이 더 큰 금융 레버리지를 토대로 돌아가게 하는 것이 가능하다. 아울러 은행의 선진적인 신용 평가 기법이 존재한다면 아마존은 점점 더 낮은 부도 확률 내에서 움직일 수 있는 사업이 될 것이다. 그러나 확실히 단위 고객당 아마존 스스로가 취할 수 있는 이익 규모는 줄어들 것이다. 셋, 아마존은 데이터 사업자가 되는 것이 가능하다. 특정 셀러의 꾸준한 판매 실적과 해당 셀러에 대한 소비자들의 품평을 모두 확보하고 있는 유통 플랫폼이 언제든 만지작거리는 카드가 바로 이 데이터 사업이고, 그 유망한 사업 목적지가 마케팅 또는 금융이라고 본다. 아마존의 온라인 유통 내 독점력이 더욱 커질수록 데이터 사업자로서의 잠재력은 함께 늘어난다. 아마존이 앞으로 택할 선택지가 궁금하다.

한국 온라인 유통 부문
셀러 금융 사업 현주소

한국의 셀러 금융은 어떨까? 2018년 10월 KB국민은행과 서울보증보험은 소셜커머스 위메프에 신용 등급에 거의 제한이 없는 판매자 금융 상품을 제공하기로 했다고 발표했다. 이 금융 상품의 제공에 담보는 필요 없으며, 위메프에서 판매 기록이 생기는 한 모든 셀러들의 대출 신청이 가능하다. 셀러들은 기존에 연 24퍼센트 이상의 고리를 지불하며 사채를 끌어다 썼다. 하지만 이제는 연 9퍼센트 미만, 그것도 1금융권의 금융 상품을 활용하게 된 것이다.

이 상품은 해당 금융사의 담당 기획자가 10여 년에 걸쳐 끈기 있게 노력한 덕분에 빛을 보았다. 금융 감독 당국이 설득됐고, 온라인 유통이 보다 안정적으로 뿌리내리며 발전하는 데 반드시 필요한 기제라는 것을 아마존이 증명해준 덕분에 유통사 측에 있었던 필자를 포함한 많은 이해관계자들이 믿음으로 실현시킬 수 있었다.

거대 우량 기업들이 빠른 속도로 구조 조정에 내몰리는 것이 한국 기업 금융의 현실이다. 한편으로는 계륵같이 쳐다보기만 하던 잠재 금융 고객들에 대한 정보가 수면 위로 올라와 쉽게 해석되고 있는 것이 새로 부상하는 기회다. 이 기회의 요체가 이커머스 플랫폼에 있다. 은행의 테두리 밖으로 밀려나 있던 '계륵'들이 손에 가깝게 잡히면서, 온라인 유통은 미래 사업자 금융과 소비자 금융 모두의 격전지가 될 가능성이 크다.

아마존은행의 가능성은?

잠시 금융업과 유통업의 공통분모는 무엇일지 생각해보자. 첫째가 신뢰이고 둘째가 안정성이다. 그리고 셋째는 소비자의 일상생활과의 밀착성이다. 오늘날 아마존은 이 3가지를 다 가지고 있다. 아마존에 자신의 개인 기록을 저장해두고 원 클릭으로 계속 쇼핑을 해도, 그것이 클라우드라는 세상에 올라가 있어도 고객은 신뢰를 거두지 않는다. 고객의 지불 행위와 지불 이후에야 발생하는 제품 수령 사이에 생기는 이 간격을 얼마나 신뢰를 통해 잘 관리하느냐가 유통업의 본질인데, 아마존은 이 분야에서 전 세계 최고다.

분명히 고객들은 아마존을 '신뢰'한다. 2008년 리먼 브라더스 Lehman Brothers 사태 이후 전 세계 굴지의 은행들이 빠진 함정이 바로 신뢰의 상실이다. 그토록 믿었던 은행들이 위험관리를 엉망으로 하고 자신들의 배만 불리던 과정에서 금융 체계가 붕괴 직전까지 가고 막대한 세금을 통해 구제된 은행이 한둘이 아니었다. 실제 글로벌 컨설팅 회사 베인 앤 컴퍼니Bain & Company 금융 부문은 최근 재미난 조사 결과를 발표했다. 아마존을 가상의 '은행' 사업자로 정해 신뢰도를 측정한 결과, 모든 시중은행들이 아마존보다 낮은 신뢰도를 얻은 것이다. (오랜 기간 군인과 군무원 및 그 가족들에게만 금융 서비스를 제공해온 USAA만이 유일하게 아마존보다 점수가 높았다.) 이제 사람들이 아마존은행Amazon Bank 계좌를 개설하고 돈을 입금하기 시작할 것이라는 기대를 갖기에 충분한 조사 결과였다.

아마존 유통이 지닌 안정성은 일반 은행들이 갖는 정중동의 안정성과는 질적으로 다르다. 아마존이 안정적인 이유는 그것이 역설적이게도 폭발적으로 성장해가기 때문이다. 고객과 공급자, 그리고 상품·콘텐츠가 끊임없이 밀려들어와 서로를 자극하면서 성장하는 플랫폼 사업인 만큼 사업의 안정성이 담보되려면 역설적으로 그 사업은 역동적으로 규모가 커져가야 한다. 그러나 근원적으로 은행이 일정 수준으로 규모를 키우면 자금 조달의 안정성이 생기는 것과 같은 규모의 경제가 실현된다는 차원에서 아마존은 정중동은 아니지만 역동적이기에 안정적이다.

마지막으로 일상생활과의 밀착성은 되레 은행 사업자들이 아마존에게 배우고 싶고 갖고 싶은 인프라이자 DNA이기도 하다. 돈을 빌리고 쓰고 갚는 모든 일이 우리 일상생활의 어떤 목적 있는 행위와 연관돼 있다. 그 가장 두드러진 행위가 소비이고, 소비라는 테마를 중심으로 일반 소비자들과 많은 셀러들이 소우주를 만들어내고 있는 곳이 아마존이다(사실 아마존의 가입 고객 규모로 볼 때, 이들은 미국 내수의 75퍼센트를 좌지우지할 수 있는 부를 소유하고 있으며, 아마존은 이에 선을 대고 있는 형국이니 '소우주'라고 해도 과언이 아니다). 모든 금융 사업자들이 금융은 개인과 사업자의 삶과 밀착해 돌아가야 한다고 역설한다. 이러한 철학을 가장 잘 실현할 수 있는 사업자가 바로 아마존인 것이다. 쇼핑과 관련된 결제 플랫폼, 재고 확보 자금을 마련하기 위한 이커머스 셀러들을 대상으로 하는 대출 상품 등등 소소해 보이지만 놀랍도록 빠른 속도로 굴러가는 수레바퀴의 속도를 기존 은행 사업자들이 당해내기는 버거울 것이다.

이제 아마존은 현금 인출 어카운트 Cash Account 로 소비자의 삶 한가운데에 진지를 만들고 소비 플랫폼의 연결선 하나를 댈 것이다. 그리고 미국인들이 집으로 들여놓은 대시 Dash, 알렉사는 아마존이 만든 소우주 속에서 소비자들을 쉴 새 없이 여행하도록 할 것이다. 은행은 가졌지만 아마존이 갖지 못한 휴먼 터치를 알렉사가 구현하는 가상 비서가 대신할 가능성은 충분하다. 가장 정확하고 오차가 없어야 할 금융 거래에 있어 우리는 어쩌면 불완전한 인간을 너무 오랫동안 신뢰해왔는지도 모른다.

과연 아마존은 자신을 '은행'이라 선언할까?

은행업은 엄청난 규제 비용을 감당해야 하는 '허가license' 사업이다. 많은 감독 기관 및 사회적 감시 기구의 눈 아래에서 은행은 전통적으로 진취적이기보다는 보수적이고 정중동으로 사업을 움직여왔다. 근원적으로 아마존에게 은행업이란 것이 맞는 일인지에 관한 질문은 매우 유효하다고 생각한다. 아마존이 지닌 진취성이나 역동성과는 거리가 있다. 은행답지 않은 역동성으로 십수 년 동안 전 세계 은행들의 벤치마킹 대상이었던 미국의 웰스파고은행의 명성은 결국 과도한 사업 성과를 푸시하는 가운데, 임직원들이 거짓으로 유령 계좌를 만들고, 상품 교차 판매율을 높이려 소비자에게 불완전 판매를 일삼은 끝에 바닥으로 떨어지고 말았다.

아마존이 과연 스스로에게 '은행'이란 이름을 붙이고 마땅히 그 많은 규제를 떠안을지, 아니면 어느 선에서 이 행보를 적절히 멈추는 의사 결정을 내릴지 두고 볼 일이다.

10장

구글 웨이모,
800만 마일을 달린
자율 주행의 꿈 ▶

구글 자율 주행차,
열정과 호기심으로 뚜벅이 걸음하다

벤처 캐피털리스트들은 사업 계획에 투자하지 않는다. 그들은
팀team에 투자한다. 사업 계획은 언제나 오류투성이일 수 있으
니, 훌륭한 팀이 항상 그것을 바로잡고 있어야 한다.

에릭 슈미트, 구글 회장

구글이 내놓는 사업마다 의외로 그 긴 연구와 실험의 역사에 놀라
곤 한다. 웨이모Waymo. 얼마 전까지 구글 카 프로젝트Google Car Project로
불리던 이 자율 주행차 사업은 시작한 지 벌써 10년째다(한국의 기
업 문화라면 담당자가 족히 3번 이상 바뀌었을 기간이다). 2019년 본격 상
용화를 앞두고 달린 시험 주행 거리가 800만 마일(약 1,300만 킬로미
터)에 이르니 무수히 오랜 시간 많이 내달려온 게 사실이다. (구글은
이 많은 거리를 달리는 동안 한 명의 구글러가 꾸준히 기름을 채워 넣고 있다.)
최근 모건스탠리는 웨이모의 기업 가치를 175조 원에 이른다고
평가했다. 비밀스런 구글 X 프로젝트 중 하나에서 출발해 2016년

모회사인 알파벳에서 분사한 이 회사는 그간 월가의 애널리스트로부터 50조~70조 원 정도의 가치로 가늠돼 왔다. 그것에 비해 굉장히 큰 신장이라고 볼 수 있다. 왜 그럴까? 웨이모는 자율 주행차의 용처를 단순히 공유 경제 기반 택시 호출 서비스에만 국한해 보고 있지 않기 때문이다. 물류 및 배달 사업은 물론 그 자체로 기술 라이선스 수입원이 되리라는 기대를 월가에 숨기지 않고 있다.

2015년 당시, 분사를 목전에 둔 웨이모에 대한 시선은 곱지 않았다. 사람들의 머릿속에서 떠나지 않는 질문은 '아니, 도대체 웨이모는 이렇게나 많은 시험 주행을 통해 무엇을 하려는 거지?'였다. 구글의 노력은 언제나 열광주의자와 회의주의자의 시선을 한 몸에 받곤 한다. 워낙 방대한 규모와 범위로 테스트를 이어가며 그 뒤의 비즈니스 모델이 과연 무엇일지 궁금증을 자아내기만 할 뿐, 우버나 테슬라처럼 속내를 쉽게 드러내지도 않기 때문이다.

그러다 어느 날 갑자기 어마어마한 시험의 노력들이 굵직한 비즈니스 아이템으로 모습을 드러내기 일쑤다. 구글의 웨이모도 그때가 됐다. 2018년 말 애리조나 피닉스에서 자율 주행 택시 서비스를 시작하겠다고 선언한 것이다.

웨이모가 걸어온 역사를 보면 그것은 실로 기술이 가진 미래 가치에 관한 절대적 믿음과 자신들의 믿음을 향한 잔잔한 헌신의 이야기라 할 만하다. 모기업 알파벳은 언제나 웨이모의 팀이 미래 기술을 올바로 활용하는 방식을 찾아내도록 독려하며, 오랜 기간 동안 인내를 갖고 팀의 노력에 자양분을 공급한 끝에 이러한 성과를 이루었다.

구글 스트리트 뷰에서 시작해
애리조나 사막에서 맺은 결실

2017년 10월 구글은 "드디어 웨이모가 캘리포니아의 상업용 도로에서 보조 운전자 없이 자율 주행 시험에 들어간다"라고 발표했다. 뉴스를 접한 사람들은 흥분했고, 또 동시에 그럼 그동안 웨이모는 어디서 무엇을 했는지 궁금해했다.

답은 애리조나 사막에 있다. 피닉스 주변 챈들러의 도로는 매우 한적하다 못해 적막한 수준이다. 이곳에서 웨이모 시험 차량들은 첨단 무기를 장착하고 자동차 산업의 미래를 그리고 있었다. 360도 시야를 제공하는 카메라와 센서, 300미터 밖을 탐지하는 근거리 레이저 등 모두 운전석에 앉은 인간은 갖지 못한 것들이었다. 광 레이더 기술을 핵심으로 내비게이션이 작동하며, 시험 주행 자동차마다 그 지붕에 레이더와 같은 장치가 돌아가고 있어서 실시간으로 대략 주변 100미터 범위까지 3D 지도를 만들어낸다. 이들은 움직일 때 거의 초당 1기가바이트의 데이터를 수집해 주변 도로를 해상도 1센티미터급의 3D 이미지로 재현해낸다. 뿐만 아니라 완벽한 전후 변화 분석을 위해 이미지 2장을 서로 비

웨이모 시험 차량들은 애리조나 사막에서 자동차 산업의 미래를 그리고 있었다.

교할 수도 있다. 그리고 마을 주민이 앞마당에 있던 화분을 치웠는지, 창문을 열어놓았는지, 10대 자녀가 밤새 집을 몰래 빠져나가지는 않았는지 알 수 있었다.

구글이 총 800만 마일(약 1,290만 킬로미터)의 주행 기록을 달성할 때까지 그들은 찬찬히 한 단계 한 단계 거북이 걸음을 했다. 외견상으로 2009년은 구글 자율 주행 역사의 원년이라고 보는 해다. 구글 스트리트 뷰 Google Street View의 공동 개발자 세바스찬 스런 Sebastian Thrun은 토요타 프리우스로 일단 '100마일 거리를 외부 방해 요인 없이 10번 이상 완전 자율 주행에 성공하기'라는 목표를 세우고 도전한다. 작지만 의미 있는 마일스톤을 스스로 설정하고 실험을 반복하는 과정에서 구글은 자율 주행 기술이 사람들에게 안전한 모빌리티를 제공하고 차 안에서 보다 의미 있는 삶의 경험을 누리게 할

수 있다는 확신을 키워
가기 시작한다. 그리고
꼭 그렇게 만들고야 말
겠다는 의지를 불태웠
을 것이다.

시각장애인 스티브 마한 씨는 보조 운전자 없이 혼자 구글 자율
주행차를 탑승한 첫 번째 인물이다.

　2012년이 되자 그들
은 렉서스 자율 주행에
도전했고, '드디어' 총 30
만 마일(약 48만 킬로미터)을 완주했음을 자랑스럽게 알렸다. 같은 해
여전히 보조 운전자를 동반하고 산타클라라의 상업용 도로에서 주
행 실험에 첫발을 내디뎠다. 아울러 여기에는 자율 주행 시험에 자
원한 시각장애인 스티브 마한 씨가 동승했다. 이어 2015년에는 페
달과 핸들이 없는 디자인을 적용한 '파이어플라이Firefly'를 시험용
차량으로 데뷔시켜 텍사스 오스틴에서 다시 스티브 마한 씨를 목
적지까지 안전하게 이동시켰다. 한 가지 차이점은 이번에는 그 어
떤 보조 운전자도 동승하지 않았다는 점이다. 2016년 구글의 웨이
모는 분사spin off 계획을 알렸다. 이후 사람들이 바라 마지않던 '레벨
4 자율 주행', 즉 그 어떤 도로 환경에서도 인간의 개입 없이 차량
이 스스로 주행할 수 있는 세상이 우리 눈앞에 닥쳤음을 몸소 보여
주고 있다.

구글러의 열정과 호기심이 실현해낸 문샷 moon shot

온갖 화려한 기술과 데이터 분석 이야기들의 한가운데에 세바스찬 스런이 있다. 스탠퍼드 교수 출신의 그는 구글 스트리트 뷰 사업을 이끌면서 동료들과 함께 일찍이 자율 주행차의 꿈을 키웠다. 그리고 차와 운전을 사랑했던 그는 인간의 모빌리티 경험을 완전히 새로운 차원으로 올려놓고 재정의하고 있다.

간혹 사람들은 아마존을 천재적 창업가를 선장으로 둔 핵 잠수함에 비유하고, 구글을 천재 구글러들을 정찰기와 전투기에 태우고서 항해하는 항공모함에 비유하기도 한다. 과연 구글의 소수 창업자들만의 믿음과 투자로 구글의 자율 주행 사업이 결실을 보았을지에 관해서는 의문이 많다. 열정과 호기심을 좇는 천재들을 보유한 구글에 경외감을 가지게 되는 이유다. 그리고 열정과 호기심으로 사업을 만들어가는 많은 구글러에 대한 경영자와 투자자들의 인내심과 존중감도 읽을 수 있다.

2005년 세바스찬 스런(사진 속 인물)과 스탠퍼드대학교 동문들은 북아프리카 사막에서 펼쳐진 다카르 랠리에서 우승컵을 들어 올린다. 구글을 아는 많은 사람들이 이때를 자율 주행차 시대의 진정한 원년이라고 이야기한다. 2009년이 아닌 2005년 말이다.

11장

아마존 고,
허물고 다시 짓다

▶

amazon

무인 슈퍼마켓,
온라인에서 다시 오프라인으로

세상의 모든 사업가들은 유의미한meaningful 문제를 풀고 있어
야 한다. 유의미하다는 것은 기존의 전통적인 소비자 행태를
보다 저비용으로 바꾸는 것을 포함한다. 만일 사용하는 기술은
화려한데 소비자 행태를 의미 있게 바꾸지 못한다면 그 사업은
기술 위험technology risk은 낮은 대신 높은 시장 위험market risk에
직면하게 된다. 나는 이러한 사업에 절대 투자하지 않는다.

데이비드 로즈David S. Rose, 뉴욕 엔젤투자자협회 창립자

아마존은 그 언젠가부터 이커머스 세상을 호령하며 기존의 오프라
인 유통들의 문을 하나둘씩 닫게 만들었다. 아마존의 온라인 확장
과 오프라인 공습으로 미국 유통 산업은 큰 변화에 직면하고 있다.
서점, CD 유통업, 의류업부터 백화점, 자동차 매장까지 '소매업의
종말retail apocalypse'이라고 불릴 정도로 구조 조정 바람이 거세다.

실제 미국 의류업체 갭GAP은 2019년 3월에 향후 2년간 매장 230
여 개를 폐업할 계획이라고 발표했다. 갭은 점포를 폐쇄해 올해 약
9,000만 달러(약 1,000억 원)를 절감할 수 있을 것으로 판단했다. 갭
은 오프라인을 줄이는 대신 인터넷 판매에 주력해 향후 매출 중 40

퍼센트 이상을 인터넷에서 올릴 계획임을 밝혔다. 백화점 JC 페니J. C. Penney도 스토어 15개와 가구 매장 9개 등 24개를 2019년 안에 폐점할 것이라고 발표했다. 유명 란제리 브랜드 빅토리아 시크릿Victoria's Secret 역시 2019년 북미 지역에서 53개 점포를 폐점하기로 했으며, 테슬라도 오프라인 매장을 없애고 모든 전기차를 온라인으로만 판매한다고 발표했다. 이에 앞서 신발 유통업체 페이리스 슈소스Payless ShoeSource는 2019년 2월 파산을 신청하면서 미국 전역에 있는 2,500여 개에 달하는 오프라인 매장을 폐쇄한다고 발표했다.

2017년 홀푸드를 인수한 아마존은 연이어 2019년 말 로스앤젤레스를 시작으로 샌프란시스코, 시애틀, 시카고, 워싱턴 DC, 필라델피아 등에 식료품 매장을 열 계획임을 공표했다. 동네에 있는 친근한 중저가 식료품점들이 아마존의 우산 밑으로 편입될 가능성이 커졌다. 기존의 홀푸드가 유기농 프리미엄급 식품 매장이었다면 이 매장은 미국 중산층을 정조준한 중저가 식료품 체인이 되리라 전망된다. 아마존은 무인 슈퍼마켓 '아마존 고Amazon Go' 점포를 10여 개 운영하고 있다. 향후 무인 점포, 식료품 매장, 서점 등 다양한 형태의 오프라인 매장을 약 2,000개 보유한다는 계획이다. 〈월스트리트 저널Wall Street Journal, WSJ〉 보도 이후 아마존 주가는 2퍼센트 상승했고, 경쟁사인 월마트Wal-mart와 크로거Kroger는 각각 1.1퍼센트, 4.5퍼센트 떨어졌을 정도로 시장에서 즉각 반응했다.

그들은 온라인 세상에서 출발해 오프라인의 기존 강자들을 차례로 허물었고destroy, 이제는 되레 오프라인에서 매장을 다시 지어내고redesign 있다.

아마존,
오프라인에 영토를 만들다

아마존이 처음 이커머스를 내놓았을 때, 투자자들은 그들의 사업 계획에서 심한 인지 부조화를 절감했다. 기존의 모든 대형 소매 유통업의 투자 대상은 IT도 아니었고 땅, 토지였다. 소매 유통 사업은 부동산 개발업과 다름없었으며, 이것이 확장되면 몰이 됐고 임대료를 받는 구조였다. 그러니 고객들의 출퇴근길 선상에 있으면서도 한적한 대형 부지를 사들여 그곳에 매장을 짓고 또 임대를 하면서 돈을 벌었다. 매장 임대료는 이커머스상의 중개 수수료라는 이름으로 변모했다. 그들은 몰을 4, 5층으로 증축하는 대신 고객과 셀러를 끌어모으는 한편 무한대에 가깝게 지면을 늘리며 선반을 채워나갔다. 그리고 다른 한편, 고객들의 눈에는 보이지 않는 물류시설에 투자했다. 그런 아마존이 오프라인에 영토를 만들어가기 시작했으니 그 출발이 아마존 고다. 수백 개의 카메라와 센서가 있을 뿐, 셀프 체크인 카운터도 계산원도 없다. 무수히 많은 데이터 가 오고 갈 뿐이다.

전미 소매유통연합에 따르면, 1년에 매장 내에서 손님과 직원들의 절도로 손실되는 금액은 연간 47조 원이다. 어마어마한 금액이다. 그러나 이보다 더 아마존이 집중하는 목표는 오프라인 소비에서 고객이 갖는 애로점을 없애는 것이며, 이는 오프라인을 들여다보기 시작한 5년 전이나 지금이나 한결같다. 소비자의 행동을 저비용으로 의미 있게 바꿔내는 것을 절대적인 목표로 삼는다. 〈월 스트리트 저널〉은 아마존이 오프라인 스토어를 공략하는 이유로 "소매업은 고객 경험을 관찰하고 창의적으로 반응할 수 있는 거울과 같은 가치를 갖기 때문"이라고 설명한다.

그들이 가진 '거울'에 비친 소비자의 애로점을 들여다보고 이를 문제 풀이의 시험장으로 삼는 게 아마존 고의 존재 이유다. 예를 들어 줄을 서면서 생기는 피로감은 소비자들에게 과잉 소비를 부추긴다. 한편으로 줄을 길게 늘어선 사람들을 보면, 다른 고객들에게 무엇인가 좋은 딜이 있나 하는 마케팅 환기 효과도 어렴풋이 떠올리게 된다. 그러나 이제껏 그 어떤 사업자도 소비자를 길게 줄세운 것과 그렇지 않은 것의 효익을 면밀히 분석해본 적은 없다. 때문에 모든 것이 신화적이고 신비로운 영역에 머물러 있다. 그 누구도 고객이 긴 줄을 서는 것에서 해방됐을 때 어떻게 행동하는지 진정으로 살펴본 적이 없는 것이다. 한 조사 결과에 따르면, 리테일 상점의 자동화가 상점주에게 더 많은 매출을 주는 동시에 미국 전역에 걸쳐 750만 명의 인건비를 절감하는 잠재

수백 개의 카메라와 센서가 있을 뿐, 셀프 체크인 카운터도 캐시어 인원도 없는 '아마존 고'에서는 무수히 많은 데이터만 오고 갈 뿐이다.

력이 있음을 밝히고 있다. 최첨단 기술을 활용한 점 내 추천 기술들은 줄 서는 것에서 해방된 고객들에게 더 많은 구매를 이끌어낼 것이며, 실시간 자동화된 가격 제시 체계로 고객은 연계 구매를 위한 최적의 딜을 제안받게 된다.

과연 이와 같은 최첨단 기술로 무장한 리테일 매장이 주류가 될 것인지는 의문이다. 이 많은 투자 비용은 반드시 늘어난 매출과 이익으로 상쇄돼야만 하기 때문이다. 그러나 분명한 것은 아마존이 본인들이 무너뜨린 전통적 오프라인 상점을 새로운 형태로 부활시키고 있다는 점이다. 그것은 소비자의 애로점을 정면으로 응시하고 기술을 통해 확고한 대안을 제시함으로써 누군가의 효익이 증대되리라는 확신을 쌓고 또 검증하는 과정이다. 그리고 그들은 늘 그랬듯이 기술 위험technology risk보다는 시장 위험market risk에 대항해 견

고하게 버틸 만한 사업 모델을 꿈꾸고 있을 것이다. 전쟁은 이미 시작됐다. 유통 라이벌 월마트는 마이크로소프트와 파트너십을 맺고 미래 첨단 스토어 포맷 개발에 뛰어들었다.

3

비판받는 것이 두렵다면
그냥 아무것도 하지 않으면 된다.
지혜롭지 않은 사람과 어울리기에
우리 인생은 너무 짧다.
제프 베이조스

아마존과 구글이 만든 사회와 그 적敵들

12장

신뢰를 잃어가는
인터넷 시대의 대안,
블록체인 ▶

블록체인, 보다 투명하고 공정한 인터넷 세상

구글과 아마존, 페이스북이 만드는 인터넷 세상은 역설적으로 또 다른 권력의 집중을 낳고 있다. 이더리움(블록체인)이 세상을 보다 투명하고 공정하게 만드는 인프라가 되기를 원한다.

비탈릭 부테린Vitalik Buterin, 이더리움Ethereum 창시자

2018년 5월 이더리움의 창시자이자 아직 30세도 되지 않은 비트코인 갑부 러시아 청년 비탈릭 부테린은 트위터에 흥미로운 글을 올린다. 바로 구글이 자신을 채용하기 위해 잡 오퍼job offer를 던졌다는 것이다. 비탈릭 부테린은 전 세계 많은 블록체인 전문가들 중에서도 손꼽히는 진성 '교주'이자 상업적 동기보다는 세상을 더 낫게 만들 수 있는 블록체인의 기술적인 힘에 대한 가열찬 관심과 활동으로 추앙받는 대가다. 많은 블록체인 전문가들이 사업화에 열을 올리지만, 그는 꾸준히 세미나를 열며 무엇보다 자신의 생각을 '글'로 옮긴다는 평가를 받는다. 그런 대가를 인터넷 세상의 지배자 구글

이 채용을 시도했다고
하니 센세이셔널한 뉴
스가 분명했다. 결론적
으로, 그리고 정황적으
로도 이 청년은 구글의
채용 제안을 거절한 것
으로 보인다. 구글이 얼
마나 블록체인의 위력

이더리움 창시자 비탈릭 부테린.

에 대해 고민하고 있으며, 또 자신의 비즈니스에 끼칠 영향에 관해
우려하고 있는지를 반증하는 이 일화는 널리 회자되고 있다.

아마존과 구글의 대체자로
부상하는 블록체인

기술 비평가이자 사회사상가 조지 길더 George Gilder 는 저서 《구글 이
후의 삶 Life after Google: 빅데이터의 쇠락과 블록체인 경제의 부상》에서
구글 패러다임이 종말을 고하고 블록체인이 그 자리에 설 것이라
고 예측했다. 지금은 정보와 콘텐츠 상품에 대한 복제와 확산의 시
대다. 공유 관점에서는 효율적이었지만 보안과 개인 보호는 위협

당했다. 더구나 정보의 원생산자인 개인은 그 정보들을 구글이나 페이스북 같은 소수 거대 기업에 공짜로 빅데이터와 AI 개발 자원으로 기부한 셈이 됐다. 더욱이 자신은 얼굴을 본 적도 없는 제3의 광고 사업자들에게 자신을 위험하게 노출시켰다.

세 번째 변혁은 '크립토코즘cryptocosm('암호'라는 뜻의 crypto와 '우주'라는 뜻의 cosm의 합성어로 암호화를 통해 분권화된 세상을 일컫는 말)' 시대를 열었다. 신호탄은 사토시 나카모토中本哲史의 비트코인이었고, 스마트 컨트랙트smart contract의 개념을 사람들 머릿속에 심어준 이더리움은 블록체인 기반의 기술로서 구글이 열어젖힌 인터넷 시대보다 획기적으로 보안을 향상시키고, '빅 브라더'의 공포를 근원적으로 제거하고 있다. 비로소 아마존과 구글이 만든 인터넷 기반 중앙집중화 시스템은 공정성과 신뢰성, 보안성을 기치로 탈중앙화의 소용돌이 속으로 빨려들어갈지 모른다고 본다. 이것을 길더는 "대분산great unbundling"이라고 표현하는데, 개인과 개인 사이의 신뢰에 기반한 P2P 거래의 전면화가 블록체인이 그리는 모습이자 변화의 에너지라고 해석한 것이다.

머지않은 블록체인의 대중화

블록체인이 과연 인터넷을 대체할 것인가, 블록체인과 아마존, 구글은 과연 원수지간이 될 것인가에 대해서는 다양한 예측이 가능하다. 꼭 원수지간이 되지는 않을 것이라는 해석이 우세한 것도 사실인데, 그 한 예가 블록체인 서비스Blockchain as a Service, BaaS의 등장이다. AI · 머신 러닝 · 데이터 과학 등 고도의 전문적 기법을 개별 기업들이 직접 수행하려면 엄청난 비용이 들어, 결국 이를 서비스로 제공하는 사업이 등장했고(구글의 오토ML), 클라우드 컴퓨팅 서비스가 등장해 폭풍처럼 IT 환경을 바꿔나갔듯이 블록체인도 결국은 대중화의 길을 걸을 수밖에 없다.

이에 착안해 마이크로소프트는 서비스로서의 블록체인을 사업 모델화해 전개하고 있다. 블록체인을 솔루션이 아니라 서비스 형태로 구독하며 활용해갈 수 있는 플랫폼을 만든 것이다. 기업 환경에서 고도화된 기술에 대한 수요가 사업화로 적절히 연결되기 위해서는 지속적인 사용 환경과 낮은 비용이 필수라는 점을 이해하기에 가능한 접근법이다. 아마존과 구글이 비밀리에 블록체인, 암호화폐 프로젝트를 진행하고 있다면 자체적인 사업 모델을 보다 진화시키고자 하는 내부적인 수요도 있겠지만, 플랫폼 서비스 사업자로서 당연히 택하게 될 모델이다.

아울러 블록체인이 아마존, 구글의 대항마가 되기는 어렵다고 보는 이유로 블록체인은 '기술'이고 아마존과 구글은 '사업 집단'이라는 근원적 차이도 있다. 많은 블록체인 기술이 현재 두 방향을 놓고 중요한 갈림길에 있다고 보는 시각이 많다. 첫째, 투자나 유통 자산으로서의 암호화폐 기반 사업 모델화까지 나아갈 것이냐, 아니면 둘째, 기존의 전통적인 불투명한 사업 또는 일상생활상의 행동 양식을 투명하게 개선하는 프로세스 혁신에 가치를 둘 것이냐로 나뉜다.

적어도 암호화폐 자산 가격의 폭락을 보고 있자면 많은 논의들이 바로 후자로 전개될 때 기업 고객이나 개인 고객이 지갑을 열 가능성이 많다는 점이다. 사실 암호화폐 자체를 사업 모델화하는 것은 여러 경제 주체들의 합의와 규모의 경제 효과가 필요하다는 점에서 볼 때 난점이 많다. 완전히 새로운 경제 시스템을 도입해야 하는데, 이는 기존의 레거시 체제와 끊임없는 마찰을 불러일으킬 것이고 기존의 거대 플랫폼 사업자들의 공격에 직면하기 십상이다. 상대적으로 한정된 주체들에게 명확한 혜택을 제공하고(예를 들어 농수산품 유통의 원산지 추적, 무역과 통관 정보의 투명하고 검증된 공유) 사용 체계를 탄탄하게 구축하는 것에 현실적인 무게감이 있다. 바로 이러한 점에서 스마트 컨트랙트 개념의 이더리움, 전 세계 은행 간 외환 거래의 다리 통화Bridge Currency 개념으로 도입이 시도되고 있는 리플^{Ripple} 등이 꾸준히 주목 받고 있다고 본다.

아마존과 구글, 심지어 페이스북이 만드는 인터넷 세상이 자기 정화 작용을 잃고 상업성이 난무하며 개인의 프라이버시를 위협하면 할수록 블록체인의 화두는 계속 머리를 내밀 것이다. 결국 블록체인은 건전한 인터넷 세상의 상징적인 경찰 역할을 할 가능성이 크고, 이는 어쩌면 구글 직소의 신기술 적용 버전일지도 모를 일이다.

13장

소프트뱅크 연합군과 반도체 군단

초연결 시대를 이끈
주도권 전쟁

나의 성공 비결은 이길 수 없는 싸움은 하지 않는 것이다.

손정의, 소프트뱅크 회장

아마존과 구글이 만들어가는 세상에서 가장 두려움에 떨고 있는 회사들은 어디일까? 바로 하드웨어 제조업체들이다. 이들이 만들어가고 있는 플랫폼에서 주 매출원은 언제나 콘텐츠와 서비스였다. 하드웨어는 이러한 매출을 만들어내기 위해 보급형으로 깔려야 하는 운명이라 필연적으로 기기 가격이 하락하게 돼 있다. 그러니 당신이 하드웨어업체라면 아마존과 구글을 바라보는 시선은 불안할 수밖에 없다. 이러한 시선이 극명하게 드러나는 영역이 바로 자율 주행차 사업이다.

2018년 여름, 소프트뱅크 SoftBank는 미국 자동차업체 제너럴모터스^{GM}의 자율 주행차 부문에 22억 5,000만 달러(약 2조 4,250억 원) 투자 계획을 밝혔다. 소프트뱅크가 IT 투자를 위해 조성된 비전펀드에서 22억 5,000만 달러를 활용해 GM의 자율 주

소프트뱅크는 GM의 자율 주행차 부문에 22억 5,000만 달러 투자 계획을 밝혔다.

행차 자회사 크루즈^{Cruise}의 지분 19.6퍼센트를 취득하겠다는 것이 골자다. 소프트뱅크는 반도체 기업 엔비디아^{NVIDIA}, 지도 및 위치 검색 전문 스타트업 맵박스^{Mapbox}에 자본을 투입하며 자율 주행차 기술 확보에 의욕을 보여왔다. 주로 한적한 교외 지역에서 주행 시험을 해온 구글과 달리, GM의 자율 주행 부문 자회사 크루즈는 샌프란시스코 등 대도시를 중심으로 교통 데이터를 수집했다는 점에서 소프트뱅크는 크루즈의 경쟁력을 높게 평가한 것으로 알려졌다. GM도 크루즈에 10억 달러(약 1조 1,000억 원)를 추가 투자해 2019년까지 자율 주행차를 활용한 차량 공유 서비스를 출범할 예정이다.

구글의 웨이모는 엄밀히 말해 자율 주행 사업에 필요한 데이터 수집 전문 기업이지, 상용차를 대량으로 생산할 수 있는 업체는 아니다. 즉, 구글이 꿈꾸는 자율 주행차 사업을 위해 구글은 차량을

공급해줄 완성차 OEM업체가 필요하다. 그러나 그 우군을 구하기 어려웠던 것이 현실이었다. 가까스로 구글은 2018년 6월 피아트 크라이슬러Fiat Chrysler 그룹으로부터 6만 2,000대의 미니밴을 공급받기로 했다. 그것도 구글이 같은 차량을 자율 주행이 적용된 미니버스 사업에 활용하겠다는 계획이 전제됐기에 가능했다는 후문이 많다. 즉, 일반 보급형 승용 차량에 자율 주행을 적용하려 한다면 구글의 현재 모델은 자동차 사업의 주도권을 완성차업체가 아닌 구글이 가져가는 형태가 되기 때문이다. 그렇다면 소프트뱅크는 어떠한 사업 모델을 지향하는가?

소프트뱅크 비전펀드 주요 투자사
(단위: 억 달러)

기업	분야	투자 금액
우버	모빌리티	93
ARM	반도체	82
엔비디아	그래픽 칩	50
위워크	공유 오피스	44
플립카트	이커머스	25 (매각)
GM	자율 주행차	22.5
페이티엠	온라인 결제	18
핑안메디컬	헬스케어	11
로이반트	바이오	11
파나틱스	스포츠 이커머스	10
소파이	핀테크	10

소프트뱅크, 에지 컴퓨팅으로 도전하다

먼저 소프트뱅크가 지향하는 4차 산업혁명의 컴퓨팅 모델이 구글과 아마존이 꿈꾸는 그것과 어떻게 다른지 살펴보자. 아마존과 구글은 전 세계에 데이터 센터를 짓고 클라우드 기반으로 컴퓨팅 능력을 독점하는 모델이다. 즉, 하드웨어는 사용자 접점의 최소 기능을 수행하는 UI/UX에 국한한 가치를 가지는 반면, 두뇌의 역할을 하는 AI 기능은 모두 클라우드에서 수행해 명령을 내려보내는 구조다. 이에 반해 소프트뱅크는 이른바 에지 컴퓨팅Edge Computing이란 콘셉트로 하드웨어·기기가 핵심적인 AI 기능을 수행하도록 한다. 그러니 사업의 주도권은 여전히 하드웨어 제조업체가 쥐고 있는 셈이다. 에지 컴퓨팅이란 기기와 가까운 네트워크의 '가장자리edge'

에서 컴퓨팅(수학적 계산을 수행)을 지원하는 것을 뜻한다. 클라우드 컴퓨팅은 물리적으로 떨어진 데이터 센터에서 중앙 집중형으로 데이터를 관리하지만, 에지 컴퓨팅은 각각의 기기

소프트뱅크가 지향하는 4차 산업혁명의 컴퓨팅 모델은 아마존, 구글의 그것과는 다르다.

에서 데이터를 분석하고 활용할 수 있게 해주는 기술이다. 이러한 세상에서 하드웨어업체들은 돈을 벌 수 있고, 아마존이나 구글의 클라우드 환경에는 어쩔 수 없이 의존할지 몰라도 그들이 제공하는 AI 알고리즘이나 솔루션에 기댈 필요는 없다. 이러한 관점에서 소프트뱅크의 비전펀드 투자는 하나의 방향으로 읽힌다. 세계 최대의 반도체 설계 지식재산권을 보유한 ARM 반도체, 자율 주행차 시대의 주역인 GPU(병렬 처리가 가능한 컴퓨팅 칩으로, CPU와 대별되는 개념)로 이름난 엔비디아는 모두 소프트뱅크가 투자한 회사들이다.

사실 고객이 직접 구매, 사용하는 하드웨어의 두뇌가 커지는 것은 비용적 측면에서 결코 달가운 일이 아니다. 하지만 소비자들이 원하는 세상이 오려면 아직 이 세상의 통신 환경이 가야 할 길이 먼 것이 사실이기에 이러한 에지 컴퓨팅이 대안으로 부상하는 것이다. 우리가 기대에 부풀어 있는 자율 주행차의 시대는 5G 통신 환경이 대규모로 확산된 경우에만 최소 구동 조건이 갖춰지는데, 그렇지 않더라도 보급의 길을 열 수 있는 것이 에지 컴퓨팅이라고 보는 것이다. 아울러 클라우드가 가진 네트워크적인 제약들은 우리가 사용하는 기기들이 독립적으로 AI를 수행하고 부가가치를 내는 옵션을 포기할 수 없음을 이야기하고 있다.

그러나 한편으로 결국에 5G는 세상에 모습을 드러낼 것이고, 궁극적으로 하드웨어 기기는 수요와 공급의 동시적 압박으로 그 값이 싸질 수밖에 없다는 대세론도 만만치 않다. AI에 대한 사람들의 엄청난 기대와 수요가 현실화되려면 5G 인프라에 대한 투자가 필수이기 때문에 5G 투자는 앞당겨질 수밖에 없다는 의견이 많다. AI 통합의 시대, 초연결의 시대는 기기가 주도권을 가진 에지 컴퓨팅의 시대일까, 클라우드에 기반한 인터넷 기업들의 시대일까? 다

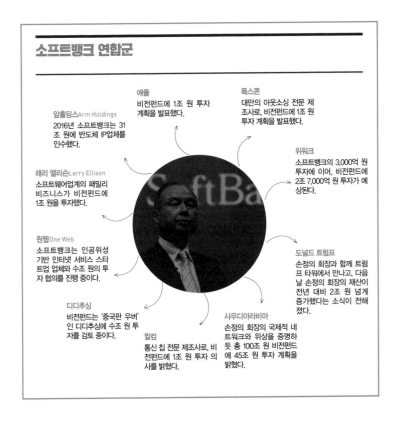

소프트뱅크 연합군

애플
비전펀드에 1조 원 투자 계획을 발표했다.

폭스콘
대만의 아웃소싱 전문 제조사로, 비전펀드에 1조 원 투자 계획을 발표했다.

암홀딩스Arm Holdings
2016년 소프트뱅크는 31조 원에 반도체 IP업체를 인수했다.

래리 엘리슨Larry Ellison
소프트웨어업계의 패밀리 비즈니스가 비전펀드에 1조 원을 투자했다.

위워크
소프트뱅크의 3,000억 원 투자에 이어, 비전펀드에 2조 7,000억 원 투자가 예상된다.

원웹One Web
소프트뱅크는 인공위성 기반 인터넷 서비스 스타트업 업체와 수조 원의 투자 협의를 진행 중이다.

도널드 트럼프
손정의 회장과 함께 트럼프 타워에서 만나고, 다음 날 손정의 회장의 재산이 전년 대비 2조 원 넘게 증가했다는 소식이 전해졌다.

디디추싱
비전펀드는 '중국판 우버'인 디디추싱에 수조 원 투자를 검토 중이다.

사우디아라비아
손정의 회장의 국제적 네트워크와 위상을 증명하듯 총 100조 원 비전펀드에 45조 원 투자 계획을 밝혔다.

퀄컴
통신 칩 전문 제조사로, 비전펀드에 1조 원 투자 의사를 밝혔다.

행히 소프트뱅크도 '모 아니면 도' 식의 투자는 아니다. 그들은 우버와 위워크Wework로 대표되는 공유 경제, 그리고 플립카트Flipkart와 알리바바Alibaba, 쿠팡Coupang으로 대변되는 이커머스에도 베팅했다. 손정의 회장의 포트폴리오는 4차 산업혁명의 모든 가능성을 다 품고 있다.

14장

중국 메가테크 기업들의 도전, 새로운 미래 전쟁

중국 인터넷 기업들의 성장 비밀

진정한 무지는 지식의 부재가 아니라 그것을 얻기를 거부하는 것이다.

칼 포퍼Karl Popper, 《열린 사회와 그 적들The Open Society and Its Enemies》 중에서

아마존의 글로벌 확장의 역사는 벌써 20여 년에 가깝다. 그들은 온라인 커머스의 불모지인 일본(신용카드를 잘 사용하지 않고 현금을 선호하는 문화 탓도 있다)에도 뿌리를 내려, 손정의의 야후재팬과 당당히 맞서고, 전통적인 오프라인 유통 거인 라쿠텐마저 그들의 게임 룰이 지배하는 세상으로 끌고 들어왔다. 그러나 그들에게 여전히 만리장성은 너무 높고 단단한 벽이다.

중국 진출 15년째인 그들이 받아 든 성적표는 온라인 커머스 시장점유율 1퍼센트! 그 누구도 그들의 존재감을 인정하지 않는 것이다. 미국 내 40퍼센트의 시장점유율을 자랑하는 유통 거인에게는

굴욕의 역사이며, 이는 현재 진행형이다. 이러한 가운데 미래를 위한 돌파구 또는 몸부림으로 의심되는 소식이 하나 날아들었다. 바로 아마존 중국 부문이 소규

아마존 창업주 제프 베이조스.

모의 로컬 온라인 상거래 사업체인 카올라Kaola와의 합병을 염두에 두고 있다는 것이다. 시장의 평가는 한마디로 "너무 작고, 또 너무 늦었다"다.

시장의 평론가들에 따르면, 이번 합병 추진 소식에서 2가지 밝은 면을 찾을 수 있다. 첫째, 아마존이 드디어 로컬 업체를 인수 합병함으로써 중국 정부와 좋은 유대 관계를 형성할 기반을 갖게 될지 모른다는 점이다. 중국에서 사업하는 데 필요한 '입장권'과도 같은 '기본 요건'을 그동안 갖춰오지 못했음을 반증한다. 둘째, 아마존 주가는 언제나 새로운 소식에 민감한데, 이 중국 업체는 워낙 덩치가 작아 설사 실패한다고 해도 아마존과 그 주주들은 별로 잃을 게 없는 것처럼 보인다는 점이다. 굳이 하겠다면 최고 경영자의 결정이니 지켜보겠다는 것이고, 에너지를 써가며 나서서 말릴 만한 거리도 못 된다는 것이다.

이처럼 아마존의 중국 비즈니스를 바라보는 시선은 온갖 의구심과 회의론으로 가득 차 있는 게 현실이다. 그럼 아마존이 15년째 이 거대한 판돈이 걸린 게임의 입장권조차 구매하지 못한 이유가 무엇인지 진지하게 들여다보자.

국가를 대신하는 인프라 제공자들

전통적으로 중국 정부는 될성부른 분야에 자국 내수 기업을 육성하는 보호 장벽을 두텁고 높게 쳐왔다. 특히 그 업체를 키우는 방식이 심지어 중국 내 기업들 간에도 자유 경쟁이 아니라 여러 가지 전략적 판단과 유대 관계에 따라 '몰아주기' 식 관치 행정이 많았음을 부정할 수 없다. 전 세계 최대의 석유화학 기업이자 자원 채굴 기업으로 군림하게 된 시노펙Sinopec이 그러했고, 전 세계 중소형 가전제품의 가격을 바닥으로 끌어 내린 하이얼Haier과 샤오미Xiaomi가 그러했다. 알리바바와 제이디닷컴JD.COM은 또 다른 부산물에 불과하다고 하면 지나칠까?

중국의 알리바바를 견학하고 온 한국의 이커머스업체 간부들은 종종 허탈감에 빠지곤 한다고 말한다. 그들 스스로 폭발적 성장의 비밀을 중국 정부가 쳐준 두터운 비관세장벽, 그리고 신사업 영역마다 구획을 정해주고 일을 몰아주는 베이징의 정책 덕이라는 속내를 드러내는 데 주저하지 않기 때문이다. 하지만 아마존과 구글이 상대하며 고전을 면치 못하고 있는 중국 인터넷 기업들의 성장 비밀을 그저 '운'으로 돌리는 것은 고찰이 부족한 것임을 인정해야 한다.

알리바바와 제이디닷컴의 혁신 속도는 분명 빠르고, 당연히 광폭이다. 아마존이 담아내지 못하는 자동차 커머스(미국의 전통적인 오프라인 딜러 구조를 아마존은 아직 혁파하지 못했다), 아마존보다 더 은

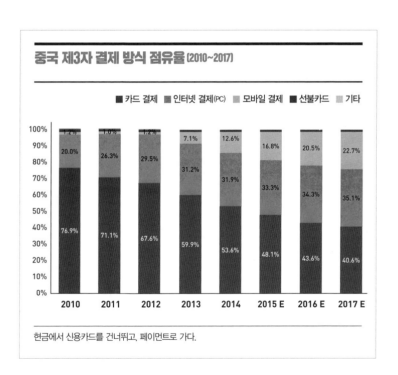

현금에서 신용카드를 건너뛰고, 페이먼트로 가다.

행에 맞먹을 정도로 큰 금융 사업의 범위(알리바바의 자회사인 앤트 파이낸셜Ant Financial은 단순 대출 상품이 아닌 투자 상품까지 판매한다), 메신저와 통합된 유통 플랫폼(제이디닷컴은 '소비'를 보다 더 생활 밀착형으로 만들었다) 등, 단순히 정부가 이렇게 해라 저렇게 하지 마라 식으로 유도했다고 보기 어렵다. 요체는 알리바바와 제이디닷컴은 중국 정부가 제공하지 못하는 사회적 인프라를 대신 제공하는 사업자로 포지셔닝돼 있다는 점이다. 일찍이 후불 교통 카드로 연동되는 대중교통 결제 체계를 한국에 도입한 것은 대한민국 정부다. 그러나 알리바바는 페이먼트 사업을 만들면서 이 모든 것을 직접 해냈다. 정부는 인프라를 깔고 세금을 받아내지만, 알리바바는 인프라를 깔고 마르지 않는 수익을 얻어 간다.

중국 경제의 한 축, 그림자 금융

알리바바는 자회사 앤트 파이낸셜을 통해 중국의 국영 은행들이 만들어내지 못하는 기업과 소비자에게 주는 레버리지 효과를 창의적으로 제공하고, 역시 그 과실을 가져간다. 실제로, 중국 은행의 대출 자산은 2008년 글로벌 금융 위기 이후 급속하게 늘어나고 있다. '빚'에 기댄 성장을 가속화해오고 있지만, 문제는 중국의 은행들이 더 이상 위험성 있는 대출 자산을 늘릴 처지가 못 된다는 것이다. 빚을 통해 성장하는 것은 꼭 기업만이 아니다. 내수 기반을 확충하려는 중국 정부의 정책상 가계나 소상공인이 접근 가능한 대출을 늘려주지 않으면 중국의 성장 동력은 크게 훼손될 수밖에 없다.

바로 이 과정에 그림자 금융Shadow Banking이라는 어두운 구석이 자리한다. 은행이 아니므로 각종 금융 감독과 규제에서 자유롭기 때문에 위험성 있는 금융 상품을 시장에 공급하는 사업자들을 가리키며, 그 한가운데에 알리바바 자회사 앤트 파이낸셜이 있다. 이 회사는 빠른 속도의 혁신으로, 제도권 공급 금융 상품과 기업과 소

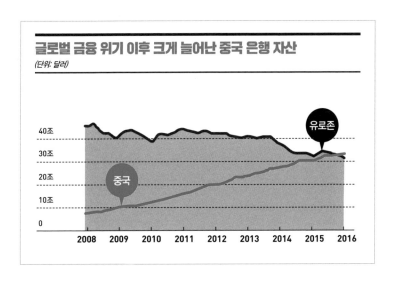

글로벌 금융 위기 이후 크게 늘어난 중국 은행 자산

(단위: 달러)

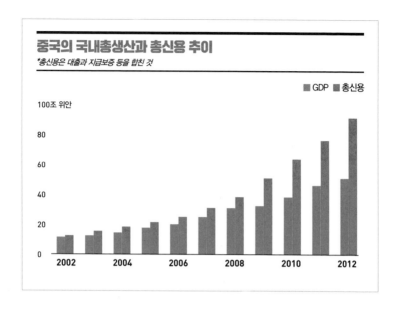

중국의 국내총생산과 총신용 추이

*총신용은 대출과 지급보증 등을 합친 것

■ GDP ■ 총신용

100조 위안

비자들 간의 금융 수요를 메꿔가고 있다. 빅데이터와 AI에 기반해 무형의 금융 상품 조합을 수도 없이 생산해내며 중국 경제의 한 축을 떠받치고 있다고 해도 과언이 아니다. 그러나 그림자 금융의 특성상 전통적인 금융 감독의 테두리 밖에서 움직이고 있는 데 따른 불안감도 온전히 떨쳐내지 못하고 있다.

인터넷 혁신 문화를 흡수해
재창조하다

아마존에게 중국은 본인들이 만든 열린 사회의 적敵으로 보이겠지만, 중국에게 아마존은 본인들의 거대 우주를 침범한 적이 분명하다. 중국은 문명의 이기를 도입하기를 거부하는 것이 아니라, 그 이기의 소유권을 뺏기고 싶지 않은 것이다. 그리고 더 나은 지식을 만들어 중국인들에게 보급하고 있다. 알리바바 창업주 마윈은 항저우 사범대학을 졸업한 뒤 평범한 영어 교사의 삶을 살다 성공적인 기업가로 변모했다. 그의 롤 모델은 언제나 마이크로소프트의 빌 게이츠다.

그는 미국의 인터넷 혁신 문화의 한가운데에 있는 실리콘밸리와 아이비리그 출신의 유학파들을 블랙홀처럼 빨아들였고, 알리바바의 물류 혁신을 위해 아마존이 일으킨 물류 자동화의 흐름을 탄 미국 서부의 최신식 물류 창고를 사들이고 있으며, 자율 주행차 연구를 위해 미국의 스타트업들

알리바바 창업주 마윈.

을 끌어모으고 있다. 과연 알리바바를 중국 기업으로 보아야 할지, 아니면 미국의 인터넷 혁신 문화를 창조적으로 재해석하고 적극적으로 레버리지해 중국만의 지식으로 만들어내는 거대한 발전소로 보아야 할지 혼란스러울 정도다.

10억 명을 등에 업고 출발선에 서다

아마존과 구글을 위협하는 중국산産 기업의 근원적 경쟁력은 역시 10억 명의 수요 기반을 업고 시작한다는 점이다. 그러나 바이두 Baidu, 텐센트, 알리바바가 끝이라고 생각하면 당연히 오산이다. 중

숫자로 보는 알리바바 물류 규모
(2015년 기준)

5,700만	4,990만	3,500만	1억 건
중국의 1일 택배량	알리바바의 1일 택배량 (중국 전체의 70%)	미국의 1일 택배량	2020년 알리바바의 1일 택배량(예상치)

170만 명	240개	23개	4만 6,800곳	700곳	90곳
직원 수	중국 내 물류 창고	해외 물류 창고	대학·농촌 택배 수취소	24시간 이내 배송 가능 지역	중국 및 글로벌 물류 파트너사

국 최대이자 글로벌 2위의 온라인 여행사 시트립닷컴Ctrip.com은 4차 산업혁명을 ABCD(AI, Big Data, Cloud Computing, Data Analysis)로 정의한다. 이들은 늘어나는 중국 중산층을 등에 업고서 중국인을 세계 각지로 연결해 소비를 창출하는 거대한 플랫폼을 돌리고 있다. 직원의 평균 나이는 26세이고, 혁신을 위한 투자를 주저하지 않는다.

실제 시트립이 제공하는 서비스를 살펴보면 왜 데이터 분석이 필요한지 알 수 있다. 시트립은 "영국 런던 출장을 예약한 고객이 있다고 했을 때, 그의 과거 여행 과정을 고려해 여러 가지를 추천할 수 있다"라며 "비즈니스석을 타는 그에게 5성급 포시즌스호텔을 추천하고, 히스로 공항에 내려 호텔까지 이동 거리를 계산해 리무진 비용까지 제시한다. 이후 호텔 인근 미슐랭 스타를 받은 레스토랑을 추천할 수 있다."라고 말했다.

이 같은 획기적인 추천 서비스 덕에 시트립은 비약적으로 성장했다. 1999년 시작 당시 소규모 여권 업무 대행업체에 불과했던 시트립은 2018년에 매출 41억 달러(약 4조 5,000억 원)를 올렸다. 직원도 3만 7,000여 명에 달한다. 특히 2016년 11월 항공권 검색업체 스카이스캐너Skyscanner 지분을 14억 파운드(약 2조 250억 원)어치 사들여 세계 2위 규모 여행업체로 급성장했다. 현재 가입 고객은 무려 3억 명에 이른다.

시트립닷컴이 무서운 것은 아마존과 구글이 이야기하는 4차 산

업혁명의 수평적으로
사용 가능한 horizontal 무기
는 모두 섭렵하면서 그
들에게 부족한 집중적
인 도메인 전략을 펼치
기 때문이다. 시트립닷
컴의 창업주이자 최고
경영자 량젠장梁建章은 여

시작 당시 소규모 여권 업무 대행업체에 불과했던 시트립 그룹은 현재 세계 2위 규모 여행업체로 급성장했다.

행 사업과 인터넷 사업의 본질적 유사성을 파고든다. "여행과 기술의 공통점을 찾자면 사람과 사람 사이를 연결해주는 역할을 한다는 것입니다. 여행·관광은 사람의 수요를 사람의 행동으로 드러나게 하는데, 우리는 이런 수요를 AI로 분석해 제공합니다. 이는 ABCD 개념을 통해 가능해집니다."

이러한 집중 전략은 아마존과 구글이 갖지 못한 것이다. 그들은 거대하고 범용적인 플랫폼을 이야기하지만 그 방향으로 달려갈수록 특정한 도메인에 대한 집중력은 흐려진다. 아마존과 구글이 아무리 글로벌 시장을 타깃으로 달린다지만 수억 명 규모의 '믿는' 구석을 가지고 출발하지 못했기에, 그들은 끊임없이 시장 위험을 분산시키면서 커온 것이 핸디캡이라면 핸디캡이다.

서로를 적이라 부르며 경쟁해 나가겠지만, 결국엔 중국 소비자

들의 선택에 달려 있다. 또한 만리장성을 넘으려면 '중국어'를 할
줄 알아야 함을 아마존과 구글은 절감하고 있을 것이다.

미래 전략 게임:
두 거인과 경쟁할 것인가,
파트너가 될 것인가

기업의 전략을 묘사할 때 누군가는 '도전과 응전의 반복'이라고 하고, 누구는 '정반합'이라고 칭하기도 한다. 또한 전략 기획의 관점에서는 '결과'가 아니라 '논리적인 합의의 프로세스'이며, '의지와 책임을 가진 사람들 간의 대화'라고도 이야기한다. 그러나 필자가 보기에 경영자와 주주에게 전략의 본질을 가장 잘 묘사하는 말은 '옵션 만들기와 선택'이다. 그리고 그것에 진지하게 책임을 지는 것이다.

불확실한 미래를 앞에 두었을 때 그저 극단적인 '모 아니면 도' 식의 가정에 머물지 않고, 불확실성을 구체화해 바닥으로 끌어 내려야 '옵션'이 생기고 자신은 물론, 아니 자신을 분리해 조직의 강점을 정확히 파악해야 쪼개기$^{hedge \ the \ bet}$가 아닌 '선택'이 가능하다. 만약 실행하는 사람들이 불확실해하고 스스로의 역량을 정확히 파악하지 못한다면 내일 당장 실행할 수 있는 일에 집중케 하는 것 또한 존중받을 선택이다.

일상이 너무나 바쁘고, 열심히 일하고 있다는 한 스타트업 창업가에게 핀터레스트 최초 투자자이자 뉴욕 엔젤투자자협회 회장 브라이언 코헨은 일갈했다. "당신이 어떻게 시간을 보냈는지에는 관심이 없습니다. 당신이 지난 한 주간 내린 의사 결정과 선택이 무엇이었는지가 궁금할 뿐입니다."

모든 비즈니스가 어떤 믿음에서 시작하며, 그 믿음의 크기만큼이나 담대하고 끈기 있게 선택과 실행을 담보해내는 전형이 아마존과 구글이다. 그들은 천재 창업자 한 명(아마존의 제프 베이조스)이든 전 세계의 자유분방한 천재들을 모아놓은 집단(구글)에 의해서건 매일같이 중요한 의사 결정에 직면하고, 선택을 주저하지 않으며, 끝까지 실행한다. 아마존은 하향식 top-down 으로 무엇인가 한 명이 설정하는 간단한 사업 설계의 원칙 design principle이 통용되는 오케스트라의 느낌이라면, 구글은 왠지 상향식 bottom-up의 퍼즐 짜 맞추기이고, 이 퍼즐은 전 세계에 펼쳐져 있는 구글의 직원과 고객 네트워크에 의해 실시간으로 채워지고 또 아웃풋이 조정되는 모자이크와 같은 느낌이다.

실제로 아마존은 강력한 톱다운 문화로 실행을 끌어내 중요한 변곡점마다 위험을 감수하기를 주저하지 않았다. 물류 로봇 회사 키바를 인수해 기존에 매출을 일으키던 외부 고객 관계를 모두 단절했고, 클라우드 서비스를 동종 유통업체에도 공급했다. 모두가 아마존 유통 혁명에 환호할 때, 제프 베이조스는 대서양 바닥에서 아폴로 로켓엔진을 건져 올리며 인류 우주여행 시대의 서막을 알렸다. 구글의 조직 문화는 퍼즐과 모자이크로 대변되는 끊임없는 실험과 사업화, 그 결과를 자산화하거나 또는 과감히 쳐내버리는 실험실 문화로 상징된다. 구글의 공동 창업자 래리 페이지는 일찍이 본인들이 만들어내는 신사업들, 그리고 이를 이끄는 CEO로 누구를 앉힐 것인가의 의사 결정이 단 한 번도 논리적으로 깔끔하지 못했으며 시행착오의 산물이었을 뿐이라고 고백하기도 했다. 결산 보고서에 등장하는 '13가지의 다른 도박들'이 그 상징이고, 이 가운데 구글 자율 주행 사업이 탄생했다. 또한 인터넷 보급을 위해 해마다 수백 개의 풍선을 띄우는가 하면, 가망 없는 재난 구조 로봇 사업은 폐업 처리했다.

세상의 모든 회사의 모습이 이 양 끝점 가운데 한 지점에 있을 것이다. 인터넷 세상에서 사업하는 경영자와 주주의 판단 하나하나가 모두 아마존과 구글과 대립할 것인가(부지불식간에라도), 아니면 이들을 인프라로 활용하고 협력할 것인가의 변곡점을 만드는 세상에서 우리는 경쟁하고 있다. 입에 10억 인구라는 은수저를 품고 경쟁하고 있는 알리바바는 중국인을 위해서라면 중국말을 배우고 사업하라는 메시지 하나로 아마존, 구글을 따돌렸다.

당신의 선택은 무엇인가?

그림 자료

아마존 vs. 구글
미래전쟁

초판 1쇄 발행 | 2019년 5월 29일
초판 6쇄 발행 | 2020년 5월 18일

지은이 | 강정우
펴낸이 | 전준석
펴낸곳 | 시크릿하우스
주소 | 서울특별시 마포구 독막로3길 51, 402호
대표전화 | 02-6339-0117
팩스 | 02-304-9122
이메일 | secret@jstone.biz
블로그 | blog.naver.com/jstone2018
페이스북 | @secrethouse2018
인스타그램 | @secrethouse_book
출판등록 | 2018년 10월 1일 제2019-000001호

ⓒ 강정우 2019

ISBN 979-11-965089-3-7 03320

- 이 도서의 국립중앙도서관 출판예정도서목록(CIP)은 서지정보유통지원시스템 홈페이지 (http://seoji.nl.go.kr)와 국가자료종합목록시스템(http://www.nl.go.kr/kolisnet)에서 이용하실 수 있습니다. (CIP제어번호 : CIP2019017588)
- 이 책은 저작권법에 따라 보호받는 저작물이므로 무단전재와 무단복제를 금지하며, 이 책의 전부 또는 일부를 이용하려면 반드시 저작권자와 시크릿하우스의 서면 동의를 받아야 합니다.
- 값은 뒤표지에 있습니다. 잘못된 책은 구입처에서 바꿔드립니다.